物理
PHYSICS

肖立峰 ◎ 编

北京语言大学出版社
BEIJING LANGUAGE AND CULTURE
UNIVERSITY PRESS

图书在版编目(CIP)数据

物理 / 肖立峰编.—北京：北京语言大学出版社，2012.2（2018.1 重印）
（来华留学生专业汉语学习丛书）
ISBN 978-7-5619-3237-7

I. ①物 …　II. ①肖 …　III. ①中学物理课–对外汉语
教学–教材　IV. ①G634.71

中国版本图书馆CIP数据核字（2012）第018723号

书　　名：物理
责任印制：周燚

出版发行：北京语言大学出版社
社　　址：北京市海淀区学院路15号　邮政编码：100083
网　　址：www.blcup.com
电　　话：发行部 82303648/3591/3650
　　　　　编辑部 82303647/3592/3395
　　　　　读者服务部 82303653
　　　　　网上订购电话 82303668
　　　　　客户服务信箱 service@blcup.com
印　　刷：北京京华虎彩印刷有限公司
经　　销：全国新华书店

版　　次：2012年2月第1版　2018年1月第4次印刷
开　　本：787毫米×1092毫米　1/16　印　张：14
字　　数：211千字
书　　号：978-7-5619-3237-7/H·12015
定　　价：57.00元

凡有印装质量问题，本社出版部负责调换。电话：82303590

前　言

　　"来华留学生专业汉语学习丛书"适用于来华学习理工、西医、经贸、中医及相关专业，汉语水平为初级的外国留学生，旨在培养留学生学习理工、西医、经贸、中医及相关专业所急需的听说读写技能，掌握专业汉语基本词汇、构词法、表达句式，使之顺利地入系接受本科专业教育。

　　本教材为"来华留学生专业汉语学习丛书·科技汉语系列"之物理专业课程教材，是天津大学理学院和国际教育学院为来华留学生编写的。该教材的试用本在天津大学使用了五年（2006~2010年），现在此基础上，按照中国中学物理课程基本要求与中国大学理工科物理衔接的要求，并参考近年来华留学生的状况及往届毕业的留学生的意见再次进行修订而成。

　　本教材内容共包含力学、热学、电磁学、光学四部分。考虑到来华的留学生都已在他们所在国家的高中毕业，有一定的物理基础，故本教材主要注重以下几个方面：一是在语言方面帮助学生强化物理学习所需的汉语词汇，二是在内容方面突出知识脉络，三是注重与大学物理知识的衔接。出于以上目的，加之课时所限，本教材对教学内容作了适当简化，删去了一般教材中的非基础部分，例如一些实际应用部分，以及一些与大学物理的衔接基础关系不大的部分。部分公式推导虽不作要求，但予以保留，供使用者参考。部分内容中学与大学教材表述上有差别，都给出提示说明，以使留学生入系学习后能顺利衔接。教材正文中对物理学术语、概念、定理均加英文注解，书后附常用物理量及其单位的中文、英文、拼音对照表。

　　本教材的使用对象需要有一定的汉语基础，全部授课时间需要60课时左右。考虑到学生汉语水平逐步提高且力学是基础内容，课时分配建议逐步加快，其中第一部分力学28课时，第二部分热学6课时，第三部分电磁学22课时，第四部分光学4课时。

　　受水平与时间所限，本教材中难免有错误与疏漏，欢迎读者批评指正。

　　最后，祝来华留学生学习进步！

编　者

目 录

1 力
Force

第一节 引言

Introduction

力学(mechanics)要解决的中心问题是力(force)和运动(motion)的关系。在力和运动的关系问题中，力和运动是分析问题的基础，而牛顿定律(Newton's laws)是联系力和运动的纽带。本章我们来学习力，第二章研究运动的规律，然后第三章在牛顿定律的基础上研究力和运动的关系。

1 力的基本概念
Basic concepts in mechanics

力是物体与物体之间的相互作用。
Force is the interaction between material objects.

一个物体受到力的作用，一定有另外的一个物体施加这种作用，前者是受力物体，后者是施力物体。力的作用是相互的，也就是说，物体1受到了物体2给的力，同时物体2也受到了物体1给的力。我们可以看到，只要有力发生，就一定有施力物体和受力物体，所以力是不可以脱离物体而独立存在的(A force can not exist independently of material objects)。在研究一个物体的受力情况时，不一定指明施力物体，但施力物体一定存在且能找到。

2 力三要素及其矢量性
A force's three factors and its vector property

力是一个物理量(physical quantity)，它具有大小(magnitude)和对应的单位(unit)。在弹簧的弹性限度以内轻轻地拉一下弹簧的挂钩，这时，手对弹簧的挂钩施加了力的作用，从弹簧秤的读数我们可以知道力的大小，这说明，力的大小是可以测量的(forces can be measured)。在国际单位制(the international system of units)中，力的单位是牛顿(Newton)，简称牛，符号N。

物体受到的重力的方向(direction)是竖直向下的，空气中物体受到的浮力的方向是竖直向上的。这说明力是有方向的，力的方向不同，力的作用效果(the effect of a force)也不同。例如，作用在物体上的力，如果其方向与运动方向相反，将阻碍(hinder)物体的运动；如果其方向与运动方向相同，将加快物体的运动。可见，力的方向也是力的一个重要的属性。

除了大小、方向以外，力的第三个要素是作用点(point of application)。开门的时候，用同样大小的力，力的作用点离门轴越远，开门越容易，这说明，力的作用点同样影响力的作用效果。

总之，力的三要素(a force's three factors)包括：力的大小、力的方向和力的作用点。

力是具有大小和方向的物理量，力的加法满足平行四边形法则(the parallelogram rule)（本章中下面会讲到），可见，力的定义满足矢量的定义，所以，力是一个矢量(vector)。我们用符号F来表示力这个矢量（本书用加粗的字母来表示一个矢量，手写时，可以在字母上面加箭头来表示）。

3 力的图示和示意图
The schematic diagram and illustration of a force

力的三要素决定力的作用效果，在物理学中可以形象准确地表示出力的三要素，方法就是：

可以用一根带箭头的线段来表示力，线段是按一定的比例（标度）画出的，线段的长度代表力的大小，线段的指向代表力的方向，箭头或箭尾表示力的作用点，力的方向所沿的直线叫力的作用线。这种表示力的方法叫力的图示。我们来看一个例子：小车在水平方向受到向右、大小为100 N的力F，如何表示这个力F呢？

首先选标度，比如1cm长表示20N的大小(e.g., a 1 cm line segment represents 20N)。

其次，从力的作用点向右画一根带箭头的线段，线段的长度要是标度的5倍，表示100 N，箭头表示力的方向。如图1–1所示。

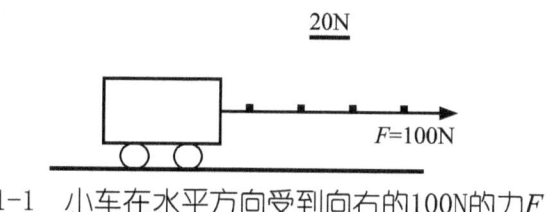

图1-1　小车在水平方向受到向右的100N的力F

有时，我们只需要定性地进行力的分析，这时，不用标出力的大小，只需标出作用点和方向，这样的力的表达方法我们称之为力的示意图。

4 力的分类
Classification of forces

拉力(pulling force)、支持力(supporting force)、推力(pushing force)、压力(pressure)、动力(motive force)、阻力(drag force)等力，一听名称，就能够知道力的作用形式及效果，这是根据力的作用效果来分类的(classified by the effects of the forces)。作用效果相同的力，性质不一定相同，比如重力、拉力都可以作为动力或阻力，但却是不同性质的力；然而性质相同的力，又可产生不同的效果。比如支持力、压力是同种性质的力，都属于弹力(elastic force)，产生的效果却不同。所以力的分类可按效果和性质两方面来分。

按性质分(classified by properties)：重力(force of gravity)、弹力(elastic force)、摩擦力(frictional force)、分子力(molecular force)、电磁力(electromagnetic force)等。

按效果分(classified by effects)：拉力、压力、支持力、浮力(buoyancy force)、动力、阻力等。

第二节　常见的各种力

Common forces

本章的主要任务是<u>静止物体的受力分析</u>(force analysis of static objects)。因此，我们有必要对常见的力进行仔细的研究，本节将介绍重力、弹力和摩擦力等常见的力。

1 重力
Force of gravity

1.1 重力
Force of gravity

日常生活中我们跳起来，总会落回地面，扔出去的东西，也都要落回地面，悬挂物体的绳子静止时总会指向地面，这都是因为在地面附近的物体都要受到重力的作用。地球上的一切物体都要受到地球的吸引，所以人跳起来总会落在地上，扔出去的东西总要落回地面。

重力是由于地球对物体的吸引而使物体受到的力。
Gravity is the attraction that the earth exerts on an object on or near the earth.

严格地说，重力并不是地球的吸引力，而是吸引力的一个分力（以后将会学到这些知识）。所以说重力是由于地球的吸引而使物体受到的力，而不能说地球的吸引力就是物体的重力。由于两者相差很小，通常可以用重力代替吸引力。

重力的大小可以用弹簧秤测出，物体静止时，对弹簧秤的拉力（图1-2甲）或压力（图1-2乙）的大小就等于物体所受到的重力。

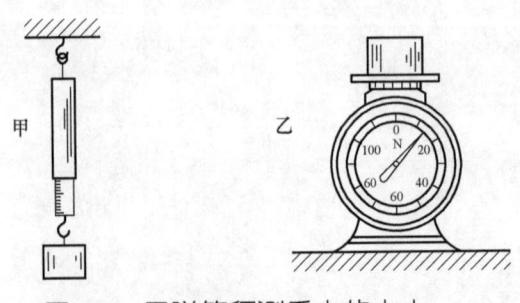

图1-2　用弹簧秤测重力的大小

在已知物体质量(mass)m的情况下，重力G可以表示如下：

$$G = mg$$

其中，g=9.8N/kg,表示1千克的物体受到的重力为9.8N。g值在地球的不同位置取值不同，赤道上g值最小，而两极g值最大。在同一位置，离地面越高，g值越小。一般在地面附近不太大的范围内，可认为g值是恒定的。

重锤线的方向总是竖直向下，静止释放的小石块总是竖直下落，这说明重力的方向是<u>竖直向下</u>(vertically downward)的。"竖直向下"不能说成"垂直向下"，因为竖直向下指的是与水平地面(horizontal plane)相垂直，不能笼统指<u>垂直方向</u>(perpendicular direction)。

1.2 重心

The center of the gravity

重心就是重力的作用点。

The point of application of the gravitational force on a body is the center of the gravity.

在研究问题时，从效果上看，可以认为物体各部分受到的重力作用集中于一点，这一点就叫<u>物体的重心</u>(the center of the gravity of the body)。

我们把物体的全部质量压缩成一点，不影响研究结果，这就是物理学的一种<u>等效代替</u>(equivalent substitute)的思想。质量分布均匀的物体的重心，跟物体的形状有关，有规则形状的均匀物体，重心就在其几何中心上。质量分布不均匀的物体的重心，除跟物体的形状有关，还跟物体内部的质量分布有关。

2 弹力

Elastic force

2.1 形变

Deformation

物体的<u>形状</u>(shape)或<u>体积</u>(volume)的改变叫做<u>形变</u>(deformation or strain)。形变的原因是物体受到了外力。常见的形变可以分为<u>弹性形变</u>(elastic deformation)和<u>非弹性形变</u>(non-elastic deformation)。撤去外力后

能恢复原状的形变叫弹性形变。撤去外力后不能恢复原状的形变叫非弹性形变（又叫塑性形变）。常说的形变是指弹性形变。按形状变化的不同，形变的种类有拉伸形变（或压缩形变）、弯曲形变、扭转形变。

2.2 弹力的产生条件及方向

Prerequisites of forming an elastic force and the direction of an elastic force

发生形变的物体，由于要恢复原状，对跟它接触的物体会产生力的作用，这个力叫做弹力。一个物体对另一个物体要有弹力作用，这两个物体必须有接触(get in touch with each other)。弹力是由于物体发生形变而引起的，若物体没有发生形变，就无需恢复，也就不会产生弹力，因此，弹力的产生是有条件的。弹力产生的条件有两个：接触(contact)；发生弹性形变。物体之间的接触可以分为面面接触(face-to-face contact)、点面接触(point-to-face contact)等。物体间的弹力垂直于切面(tangent plane)并指向受力物体。例如，凡是支持物对物体的支持力，都是支持物因发生形变而对物体产生的弹力，支持力的方向总是垂直于支持面并指向被支持的物体。

2.3 胡克定律

Hooke's law

弹簧弹力大小遵守胡克定律，即在弹性限度内，弹簧弹力的大小f和弹簧的形变量x成正比：

$$f = kx$$

其中k为弹簧的比例系数。

【例1】有一根弹簧的长度l_o是15cm，在下面挂上$m = 0.5$kg的重物后，长度l变成了18 cm，求弹簧的劲度系数k。

解：由胡克定律：$f = kx$得：

$k = f / x = mg / (l - l_o) = 1.633$N/cm $= 163.3$N/m

这根弹簧的劲度系数为163.3N/m。

3 摩擦力

Frictional forces

在桌子上推动文具盒后放手，文具盒最终会停下来，同样我们需要一定的力才能推动静止在水平地面上的桌子，这些现象都说明了摩擦力的存在。

3.1 滑动摩擦力
Kinetic friction

相互接触的两物体，一个物体在另一物体表面相对滑动时受到了阻碍它相对滑动的力。

When a body slides over the surface of another, there arises an interaction which resists the relative motion.

这个力就是滑动摩擦力。滑动摩擦力的方向总跟物体的接触面相切，与物体相对运动(relative motion)的方向相反。

用弹簧秤拉着木块在水平桌面上缓慢运动，保证弹簧秤的示数不变，就可以维持木块匀速前进，这时木块和桌面间的滑动摩擦力的大小等于拉力的大小。再在木块上加一铁块，要想同样维持匀速直线运动，我们就要增大拉力，这说明滑动摩擦力变大了。以上现象说明滑动摩擦力的大小跟两物体之间的正压力有关，且正压力越大，滑动摩擦力越大。

同样条件下，若把木块放在毛巾上拉动，同样维持其匀速运动，观察弹簧秤的示数，可以发现比在桌面上的要大，这说明接触面越粗糙，滑动摩擦力越大。

经实验证明，滑动摩擦力F的大小与相互之间的正压力F_N(F_N is the normal force)成正比，关系式表达为：

$$F = \mu F_N$$

其中，μ是比例常数，叫动摩擦因数(the coefficient of kinetic friction)，它的数值与相互接触的材料及接触面的粗糙程度有关。

除滑动摩擦外，还有滚动摩擦(rolling friction)，就是一个物体在另一个物体表面滚动时产生的摩擦。滚动摩擦力要比滑动摩擦力小得多。

3.2 静摩擦
Static friction

滑动摩擦力是一个物体在另一个物体表面上有相对滑动的时候发生的。我们用一个不大的水平力在水平地板上推箱子，虽然箱子有相对地板运动的**趋势**(trend)，但箱子并没有动，就是因为箱子跟地板之间发生了摩擦。这个摩擦力和推力都作用在箱子上，它们的大小相等，方向相反，彼此平衡，因此箱子保持不动。这时发生的摩擦叫做静摩擦,相应的摩擦力叫静摩擦力。静摩擦力的方向总跟接触面相切，并且跟物体相对运动趋势的方向相反。逐渐增大推力，如果推力还不够大，箱子仍旧保持静止不动，所受静摩擦力相应增大，跟推力仍旧平衡。但是静摩擦力的增大有一个限度，静摩擦力的最大值就是<u>最大静摩擦力</u>(the maximum static friction)F_{max}（最大静摩擦力就是物体刚开始运动时所需的最小推力）。两物体间实际发生的静摩擦力F在0和最大静摩擦力F_{max}之间：

$$0 \leqslant F \leqslant F_{max}$$

<u>最大静摩擦力的大小与接触面的性质和正压力有关，正压力越大，最大静摩擦力也最大</u>。在实际中，<u>最大静摩擦力略大于滑动摩擦力</u>(The value of the maximum friction which is proportional to the normal force F_N is related to the property of the interface and is generally a little larger than the kinetic friction)。

3.3 摩擦力小结
Summary of friction

摩擦力产生的条件：

1. 接触面粗糙。

2. 在接触面上有垂直作用的正压力。

3. 有相对运动或者有相对运动趋势。

注意：这里的压力指的是垂直于接触面的正压力，摩擦力的方向与相对运动或者有相对运动趋势的方向相反，而不一定是与物体运动或者运动趋势相反。

4　力的科学分类
Scientific classification of forces

以上介绍了几种常见的力及其特征，看起来种类繁多比较复杂。但近代科学已证明，自然界只存在四种基本力，其他的力都是这四种力的不同表现，这四种力是：引力、电磁力、强力、弱力，合称为基本自然力。

第三节　力的合成与分解

Composition and decomposition of forces

　　本章的主要任务是静止物体的受力分析。因此，我们有必要对常见的力进行仔细的研究，本节将介绍重力、弹力和摩擦力等常见的力。

1 力的合成
Composition of forces

　　实际生活中，物体不只受到一个力的作用，经常会同时受到多个力的作用。我们可以用等效法(equivalent method)求出这样的一个力，这个力产生的效果(effect of the force)与原来的几个力产生的总效果相同，这个力就叫几个力的合力(resultant force)，求几个力的合力就叫力的合成。

　　一个人用力F可以把一桶水提起，两个人分别用F_1、F_2两个力把同样的一桶水慢慢地提起。那么力F的作用效果与F_1、F_2的共同作用的效果如何？它们的作用效果是相同的，我们把F叫F_1、F_2的合力。F_1、F_2叫F的分力。$F = F_1 + F_2$，因为力是矢量，所以这里的求和为矢量相加，而不是直接的代数值相加。

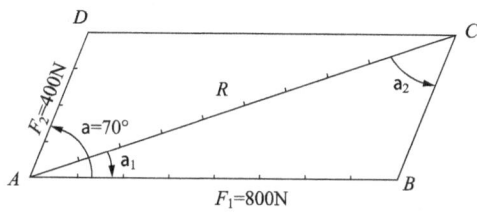

图1-3　力的合成的平行四边形法则

　　如果几个力都作用在物体的同一点，或者它们的作用线相交于一点，这几个力叫做共点力(concurrent forces)。

　　以下我们来研究共点力的合成。如果两个共点力F_1、F_2的夹角为零（作用在同一直线上且方向相同），则合力F可以直接表示为两个分力的代数相加，即$F = F_1 + F_2$，合力的方向与两个力的方向相同；如果两个共

点力F_1、F_2的夹角为180°（作用在同一直线上且方向相反）时，则合力F可以直接表示为两个分力的代数相加，即$F=|F_1-F_2|$，合力的方向与较大的那个力的方向相同；如果两个共点力F_1、F_2的夹角在0和180°之间，那么力的合成满足平行四边形法则：

以F_1、F_2（F_1、F_2用力的图示表示）为邻边做平行四边形，则平行四边形的对角线方向就是合力F的方向，对角线线段的长度就代表合力F的大小。

Draw two straight lines in the directions of the corresponding forces, originating at the same point A, as shown in fig. 1-3. Lay off on the lines the magnitudes of the given forces AB and AD to scale. Then draw lines from B parallel to AD, and from D parallel to AB, intersecting at C. The diagonal AC of the parallelogram ABCD thus formed with an arrowhead on C represents the resultant force both in magnitude and in direction.

【例2】两个力F_1、F_2合成后是F_3，下列对应的四组F_1、F_2、F_3值中，可能成立的是：

A. 5 N、8 N、7 N

B. 16 N、2 N、12 N

C. 3 N、4 N、8 N

D. 4 N、20 N、17 N

[分析] 依据$|F_1-F_2|\leqslant F\leqslant F_1+F_2$的关系，选项A中$F_1$、$F_2$的合力大小是3～13 N；B中是14～18N；C中是1～7N；D中是16～24N。所以答案应为A、D。

【例3】在图中灯的重量$G=20$N，AO与天花板间夹角$\alpha=30°$，试求AO、BO两绳所受到的拉力F。

[分析] 把CO绳中的拉力$F=G=20$N，沿AO、BO两方向分解，并作出力的平行四边形。

[解] 根据力的平行四边形法则（如图示），由几何关系得（F_1、F_2和G是有大小的，故可以看做平行四边形的边，由三角函数可得它们之间的关系）：

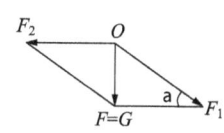
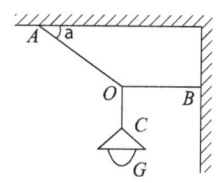

$F_1 = G/\sin\alpha = 20/\sin 30° = 40N$

$F_2 = G/\tan\alpha = 20/\tan 30° = 20 \times \sqrt{3}N = 34.6N$

当涉及到三个三个以上的力的合成时，可依次应用平行四边形法则，先求两个力的合力，再求合力与第三个力的合力，依此类推，这样我们就可以得到多个力的合力。

力的分解
Decomposition of a force

力的分解是力的合成的<u>逆过程</u>(inverse process)。在实际生活中，我们不仅仅需要求力的合成，有时也需要把一个力分解成几个力，这几个力的总作用效果与原来的那个力的作用效果相同，这几个力就叫做<u>分力</u>(component forces)。求一个力的分力就叫力的分解。

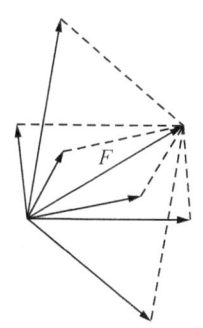

图1-4　力F的分解

那么，如何求一个力的分力呢？已知一条线段，就可以以这条线段为对角线，做出无数个平行四边形。如图1-4 所示，已知一条线段F，我们可以做出无数个平行四边形。分解出的无数个平行四边形中，每一个平行四边形的邻边都是力F的分力。那么，我们究竟该如何选取分力呢？一般来说，遵循如下两条法则：

1. 按力的<u>实际作用效果</u>(actual effect of a force)来进行分解。

2. 按计算方便进行分解，一般采用<u>正交分解</u>(orthogonal decomposition)。

【例4】放在水平面上的物体受一个斜向上方的拉力F，这个力与水平面成θ角。试分析物体水平方向与垂直方向的受力。

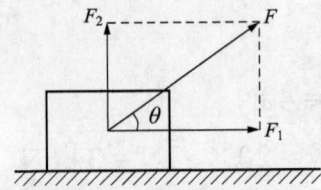

[解]（1）力F的作用效果有水平向前拉物体和竖直向上提物体的效果，那么两个分力就在水平方向和竖直方向上。

（2）方向确定，根据平行四边形定则，分解就是唯一的。

（3）分解结果如图所示，两个分力分别是$F_1=F\cos\theta$，$F_2=F\sin\theta$。

【例5】物体放在斜面上，那物体受的重力产生什么样的效果？请分析。

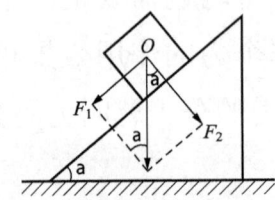

[解]（1）G方向竖直向下，又不能下落。在垂直于斜面方向产生紧压斜面的力的作用效果；在沿斜面方向使物体产生沿斜面向下滑动的效果。

（2）两个分力方向确定了，分解是唯一的。

（3）受力分析结果如图所示，重力的两个分力为：

$$F_1=G\sin\alpha, \quad F_2=G\cos\alpha。$$

【例6】（1）如图甲，小球挂在墙上，绳与墙的夹角为θ，绳对球的拉力F产生什么样的效果？可以分解为哪两个方向的力来代替F？

（2）如图乙，如果这个小球处于静止状态，重力G产生的效果是什么，如何分解重力G？

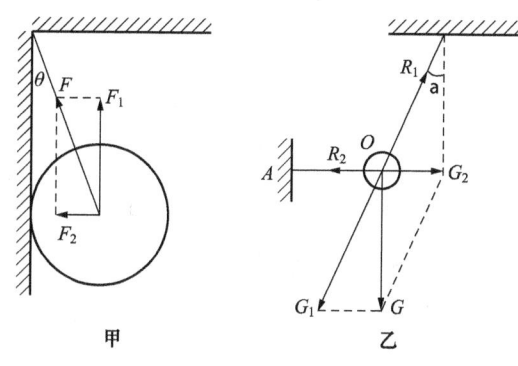

甲　　　　　　　　乙

[解]　（1）球靠在墙上处于静止状态，拉力产生向上提拉小球的效果与向左紧压墙面的效果。分力的方向确定了，分解就是唯一的。F在竖直方向的分力F_1来平衡重力，在水平方向的分力F_2来平衡墙对球的支持力。即：

$$F_1 = F\cos\theta, \quad F_2 = F\sin\theta$$

（2）重力G产生两个效果，一个沿F_1的直线上的分力G_1来平衡F_1，一个沿F_2的直线方向上的分力G_2来平衡F_2。所以有：

$$G_1 = G/\cos\alpha, \quad G_2 = G\tan\alpha$$

○ 复习题

1. 关于摩擦力，下面几种说法中正确的是（   ）

    A. 摩擦力的方向总与物体运动的方向相反

    B. 滑动摩擦力总是与物体的重力成正比

    C. 静摩擦力的大小和压力无关

    D. 摩擦力一定是阻力

2. 下列关于重力、弹力和摩擦力的说法，正确的是（   ）

    A. 物体的重心一定在物体的几何中心上

    B. 劲度系数越大的弹簧，产生的弹力越大

    C. 动摩擦因数与滑动摩擦力成正比，与物体之间的压力成反比

    D. 静摩擦力的大小是在0和最大静摩擦力之间发生变化

3. 作用在同一物体上的两个力，大小分别为6N和8N，其合力大小可能是（   ）

    A. 1N   B. 3N   C. 13N   D. 15N

4. 一根弹簧挂0.5N的物体时长度为12cm，挂1N的物体时长度为14cm，则弹簧原长是多少？

5. 一根弹簧的弹性系数为500N/m，若用200N的力拉弹簧，则弹簧伸长多少米？

6. 两个力的合力最大值是10N，最小值是2N，这两个力的大小分别是多少？

7. 如图所示，物体质量为m，在一与水平方向成θ角的拉力F作用下沿水平面运动，物体与地面间的动摩擦因数为μ，求物体受到的滑动摩擦力。（重力加速度为g）

8. 如图所示，悬挂在天花板下重60N的小球，在均匀的水平风力作用下偏离了竖直方向，$\theta = 30°$。求风对小球的作用力和绳子的拉力。

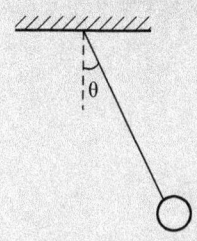

9. 如图所示，弹簧上压着质量为m的物体，这时弹簧长L，若弹簧的劲度为k，求弹簧原长。（重力加速度为g）

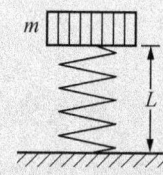

2 直线运动
Rectilinear Motion

第一节　引言

Introduction

在各种形态的物质运动中，最简单的是物体位置随时间的变动。

宏观物体之间（或物体内各部分之间）的相对位置变动称为<u>机械运动</u>(mechanical motion)。例如，各种交通工具的行驶、大气和河水的流动、天体的运行等。

1 质点
Particle

在物理学中，为了突出研究对象的性质，暂不考虑一些次要的因素，经常引入一些理想的模型来代替实际的物体。"质点"就是一个理想化的模型。

在研究机械运动时，物体的形状和大小是千差万别的。对有些情况（如下落物体受到空气的阻力时），物体的大小和形状是重要的；但在多数情况下，这些差别对物体运动的影响不大。若不涉及物体的转动和形变，我们可不考虑它的形状和大小，把它当做一个具有质量的点来处理，称为质点。例如，人们通常把单摆的摆球、火车站之间行驶的列车当做质点；又如，同样是地球，在研究它绕日公转时，可以将它看作质点；而在研究它的自转时，就不能把它当质点处理了。此外，当我们研究一些复杂的物体（如刚体、流体）运动时，虽然不能把整个物体看做质点，但是在处理方法上可把复杂物体看成由许多质点组成，在解决质点运动问题的基础上来研究这些复杂物体的运动。

运动的质点通过的路线，叫做质点的运动轨迹(motion trajectory)。铅笔尖在纸上划过以后，留下的痕迹就是笔尖的运动轨迹。如果质点的运动轨迹是直线，这样的运动叫做直线运动；如果质点的运动轨迹是曲线，这样的运动叫做曲线运动(curvilinear motion)。本章先讨论直线运动。

2 参考系和坐标系
Reference system and system of coordinates

某物体的运动总是相对于另一些选定的参考物体而言的。例如，研究汽车运动时，常用街道和房屋或电线杆作参考物；观察轮船航行时，常用河岸上的树木、码头或灯塔作参考物。这些研究物体运动时作为参考的物体（或彼此不作相对运动的物体群），称为参考系。

参考系的选择对描述物体的运动具有重要意义。例如，站在运动着的船上的人手中拿着一个物体，在同船的人看来它是不动的，但岸上的人看到它和船一起运动；如果船上的人把手松开，同船的人看到物体沿直线自由下落，而岸上的人却看到物体作平抛运动。为什么对同一物理现象会观察到不同的结果呢?原因是所选的参考系不同：船上的人以船为参考系，岸上的人以岸为参考系。为了把物体各个时刻相对于参考系的位置定量地表示出来，还需要在参考系上选择适当的坐标系。通常用的坐标系是直角坐标系。

3 时间和时刻
Time interval and time instant

时间和时刻是运动学中的基本概念，时间对应着一个过程量，而时刻对应着一个瞬时量。例如，我们说"上午8点上课，8点45下课"，这里的"8点"和"8点45"就是指的上课和下课的那一瞬间，它们指这节课开始和结束的时刻，而这两个时刻的间隔为45分，它是一个过程量，这个"45分"就是两个时刻的时间间隔。在不引起歧义的情况下，一般用"时间"代替"时间间隔"。

时间的国际单位是秒、分、时，它们的符号分别是s、min、h。一般常用停表、打点计时器等来计量时间。

4 位移和路程
Displacement and length of path

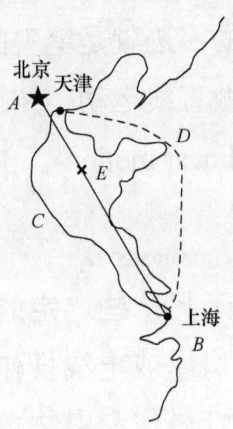

图2-1 从北京到上海，路程不同但位移相同

由北京到上海，你可以选择不同的路线，可以乘火车、乘飞机等。使用不同的交通工具，运动的轨迹是不一样的，走过的路程也不相同。但是，就位置变动的结果来看，你总是由初位置北京到了末位置上海。如图2-1所示。

物理学中，我们用位移这个物理量来表示物体位置的变动。设物体从初位置A运动到末位置B，从A指向B的有向线段AB，就可以表示质点在这次运动中所发生的位移。有向线段的长度表示位移的大小，有向线段的方向代表位移的方向。所以位移与力一样，是有大小、有方向的物理量，即为移也是矢量。我们常用s代表物体的位移（有的教材也用$\triangle\vec{r}$表示位移矢量）。

路程和位移不同。路程是质点运动轨迹的长度。在图2-1中，质点的位移是有向线段AB，而路程可以是曲线ACB、ADB或AEB。路程只有大小，是一个标量。

5 运动快慢的描述——速度
Description of fast motion and slow motion—velocity

我们如何评价一个物体运动的快慢呢？有如下两种方法：1. 固定位移s，比较运动时间t；2. 固定时间t，比较位移s（方向不变的直线运动中，位移的大小和路程相同）。这里的位移大小s是两点间A、B的距离。可以定义平均速度v为：

$$v = s/t$$

其中t为通过A、B两点所用的时间。可见，平均速度是和时间间隔对应的，它是一个过程量。但在很多的时候，我们想知道物体某一时刻或某一位置时的速度，这时就要用到瞬时速度(instantaneous velocity)。可以从平均速度来导出瞬时速度。设想A、B之间的距离s逐渐减小，则通过A、B所用的时间间隔t也逐渐减小，极限情况就是A、B重合，时间间隔Δt趋于零（即对应了一个时刻），这时得到的速度即是某一时刻（或称通过某一位置）的瞬时速度，于是我们可以得出瞬时速度的表达式：

$$v = lim\ \Delta s/\Delta t,\ \Delta t \rightarrow 0$$

从平均速度和瞬时速度的定义可以看出，平均速度是粗略地描述运动快慢的物理量，瞬时速度是精确地描述运动快慢和方向的物理量。

第二节　匀速直线运动

Uniform rectilinear motion

质点的运动轨迹是直线的运动称为直线运动。速度不变的直线运动称为匀速直线运动。因为匀速直线运动的速度不变，所以在相等的时间间隔内，通过的位移相等。

在匀速直线运动中，质点的速度是不变的，而且在匀速直线运动中，我们可以规定一个正方向（比如，向右），与正方向的方向相同的矢量，其方向为正，反之，其方向为负。这样，匀速直线运动中：

$$v = \Delta s/\Delta t$$

其中，$\Delta s = s - s_0$，$\Delta t = t - t_0$，s_0、t_0分别代表初始位移(initial displacement)和初始时刻(initial time instant)，v是个常量。直线运动中，我们可以用s、s_0、v、v_0（可取正、负）来代替矢量，则：

$$s = v\ (t - t_0) + s_0$$

这样，我们就得到了匀速直线运动中位移和时间的关系，因为v是个定值，所以该表达式代表一条直线，如果我们取$s_0=0$，$t_0=0$，则$s=vt$。我们可以在直角坐标系中画出位移—时间的关系图(relational graph of displacement and time)。图2-2为匀速直线运动的位移—时间图像。

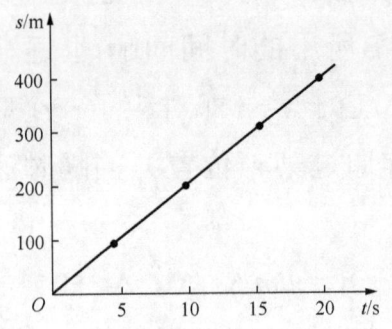

图2-2　匀速直线运动位移—时间图像

由于$v=\Delta s/\Delta t$，所以位移时间图像中，图线的斜率代表速度的大小，在同一幅图中，越靠近s轴的图线越陡，对应的斜率也越大，速度也大。

我们还可以画出速度—时间关系图(relational graph of velocity and time)。在匀速直线运动中，因为速度是不变的，所以平均速度和瞬时速度相等。图2-3是匀速直线运动的速度—时间图像。

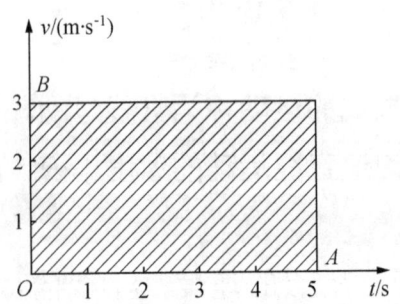

图2-3　匀速直线运动的速度时间图像

由于$\Delta s=v\Delta t$，所以速度时间图像中，图线下面的面积代表位移的大小，实际计算中，可以利用图形间的几何关系来更形象地解题。

第三节 变速直线运动

Variable rectilinear motion

1 变速直线运动

Variable rectilinear motion

上一节我们讨论了匀速直线运动。实际中真正能在任何相等的时间内的位移都相等的匀速运动是很少见的。做直线运动的物体，一般要经历从静止到运动，又由运动到静止的过程，在这些过程中，物体运动的快慢是不断变化的。例如，飞机起飞的时候，在跑道上越来越快；火车进站的时候，运动越来越慢。它们的共同特点是在相等的时间内位移不相等，我们称之为变速直线运动。

物体在一条直线上运动，如果在相等的时间内(same time interval)，位移不相等(different displacement)，这种运动就叫做变速直线运动。也就是说，做变速直线运动的物体，在相等的时间内位移不相等，所以它没有恒定的速度。我们已经知道了平均速度和瞬时速度的概念，对于变速直线运动来说，由于其速度并不是一个定值，平均速度是物体运动快慢的一个粗略的描述，而瞬时速度就可以精确地表示出物体的运动快慢。

2 匀变速直线运动

Uniformly accelerated rectilinear motion

变速直线运动中，物体的速度不是恒定的。物体在一条直线上运动，如果在相等的时间内速度的变化相等(same change of velocity)，这种运动就叫做匀变速直线运动。

2.1 加速度

Acceleration

先来看一个例子：物体甲在1s内速度增加2m/s，2s速度增加4m/s……；物体乙在1s内速度减小5m/s，2s内速度减小10m/s……（这里乙的速度每秒变化量为一个负值，我们这里先不考虑符号，只考虑速度每秒变化量的大小）。可以求出甲、乙的速度变化率：

$$甲 = \frac{速度的变化}{所用时间} = \frac{2m/s}{1s} = \frac{4m/s}{2s} = \frac{6m/s}{3s} = \cdots = 恒量 = 2m/s$$

$$乙 = \frac{速度的变化}{所用时间} = \frac{5m/s}{1s} = \frac{10m/s}{2s} = \frac{15m/s}{3s} = \cdots = 恒量 = 5m/s$$

比较甲、乙的速度变化率（都为恒量）可以看出：比值大表示速度变化得快，比值小表示速度变化得慢。由此我们引入加速度的概念。

加速度是表示物体速度改变快慢的物理量，它等于速度的改变量与发生这一改变所用的时间的比值。用v_0表示物体开始时刻的速度（初速度），用v_t表示经过一段时间t之后，t时刻末了的速度（末速度），速度的改变量（可取正或负）$\Delta v = v_t - v_0$，用a表示加速度，则直线运动的加速度定义为：

$$a = \Delta v/t = (v_t - v_0)/t$$

在国际单位制中，加速度的单位是米每二次方秒，符号是m/s^2（或$m \cdot s^{-2}$），常用的单位还有cm/s^2。加速度不但有大小，而且有方向，也是矢量。加速度的大小在数值上等于单位时间内速度的改变量。

在变速直线运动中，速度的方向始终在一条直线上。取初速度v_0的方向为正方向，如果速度增大，末速度v_t大于初速度v_0，则加速度为正值，这时加速度的方向与初速度的方向v_0相同；如果速度减小，则加速度为负值，这时加速度的方向与初速度的方向相反。可见，加速度的方向与速度变化量的方向是一致的。

在匀变速直线运动中，速度是均匀改变的，即$(v_t - v_0)/t$是不随时间改变的（大小和方向都不变），即匀变速直线运动是加速度不变的运动。另外，在匀变速直线运动中，如果加速度$a>0$，则代表末速度$v_t > v_0$，我们称之为匀加速直线运动；反之，我们称之为匀减速直线运动。

2.2 匀变速直线运动规律
Law of uniformly accelerated rectilinear motion

我们先来看速度随时间的变化关系。$a = \Delta v/t = (v_t - v_0)/t$，这样我们就可以得到速度和时间的关系：

$$v_t = v_0 + at$$

这就是匀变速直线运动中的速度公式。在数学上，v_t是t的一次函数，它的函数图像是倾斜的直线。图2-4为匀加速直线运动中速度和时间的关系图。

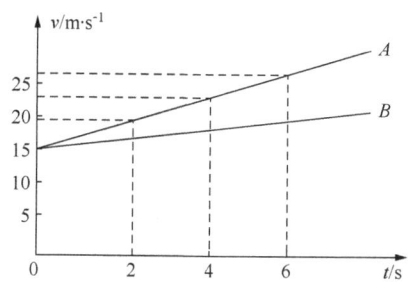

图2-4　匀加速直线运动中速度和时间的关系图

由$v_t = v_0 + at$可知，在匀加速直线运动的速度和时间的关系图中，直线的斜率代表加速度的大小，斜率为正，说明加速度为正，物体做匀加速直线运动；斜率为负，说明加速度为负，物体做匀减速直线运动。斜率越大，物体的加速度也越大，图中，A的加速度就大于B的。速度和时间的关系图中，一定时间内，直线下面所围的面积表示位移的大小。

下面我们再来研究匀变速直线运动中位移和时间的变化关系。我们先来看匀变速直线运动中的平均速度v_p如何计算。由于匀变速直线运动中速度的改变是均匀的，在时间t内速度的平均值v_p就等于时间t内初速度v_0和末速度v_t的平均值（注：这个公式只适用于匀变速直线运动），即：

$$v_p = (v_0 + v_t) / 2$$

由平均速度公式得，匀变速直线运动中时间t内发生的位移s。代入速度公式，我们得到匀变速直线运动的位移公式：

$$s = v_0 t + at^2 / 2$$

匀变速直线运动中，位移是时间的二次函数，它的图像是<u>抛物线</u>(parabola)。

另外，由速度公式和位移公式<u>联立</u>(simultaneous)消去时间t，我们可以得到位移加速度和速度之间的关系式：

$$v_t^2 - v_0^2 = 2as$$

第四节 自由落体运动

Free fall motion

1 自由落体运动

Free fall motion

本节我们来研究匀变速直线运动中的一个特例——自由落体运动。物体的自由下落是一种常见的运动。让一片纸与一个小钢球同时自由下落，可以看到什么现象？我们可以看到钢球下落得快。这里似乎可以得到结论：越重的物体下落得越快。这也是公元前希腊哲学家亚里斯多德的观点。在其后两千多年的时间里，人们一直信奉他的学说。同学们听说过两个铁球同时落地的故事吗？300多年前，物理学家伽利略做过大量的物体由静止下落的实验，并且用归谬法、数学推理法证明了亚里斯多德的观点是错误的。如把纸揉成团，和小钢球同时由静止下落，我们可以看到纸团和小钢球几乎同时落地。同一片纸，为什么形状不一样，其下落时间就不一样呢？这是因为空气的阻力的影响。把纸揉成团，所受空气的阻力要比纸片所受空气的阻力小得多，所以纸团与小钢球几乎同时落地。如果把质量、形状不同的物体放在真空中，从同一高度自由下落，由于没有空气阻力的影响，质量、形状不同的物体将同时着地。

这样，我们可以给自由落体运动下个定义：

物体只在重力的作用下从静止开始下落的运动。

An object falls from the still state under the influence of gravity only.

伽利略经过大量的实验与数学推理得出：<u>自由落体是初速度为零的匀加速直线运动</u>(Free fall motion is a uniformly accelerated rectilinear motion whose initial velocity is zero)。

2 自由落体运动的规律

Law of free fall motion

我们先来看自由落体运动的加速度。在同一地点，从同一高度同时下落的物体将同时到达地面。这就是说，下落的物体做初速度为零的匀加速直线运动，在相同的时间里发生了相同的位移。由$s = at^2/2$得，它们的加速度一定相同。

在同一地点，一切物体在自由落体运动中的加速度相同。这个加速度叫自由落体加速度，也叫重力加速度。通常用g来表示，其方向为竖直向下。地球上不同的纬度上g值不同，计算中g值通常取$9.8m/s^2$，粗略计算时g取$10m/s^2$。因为自由落体运动是初速度为零，加速度为g的匀加速直线运动，所以匀变速直线运动的基本规律和推论都适用于自由落体运动，我们只要令初速度$v_0=0$，加速度取g就可以了。

下面来看一道例题。

【例】一个自由落体落在至地面前的最后一秒钟内通过的路程是全程的一半，求它落到地面所需的时间。

[解] 物体做匀变速直线运动，设第n秒通过的路程为s_N，n秒内通过的路程为s_n，则：

$$s_n = gn^2/2$$

物体在$n-1$秒内通过的路程为s_n-1，则：

$$s_{n-1}= g（n-1）^2/2 = gn^2/2 - gn+ g/2$$

所以，

$$s_N = s_n - s_{n-1}= gn^2/2 -（gn^2/2- gn + g/2）= gn - g/2=g（2n-1）/2$$

根据题意得：

$$s_N/ s_n=［g（2n-1）/2］：（gn^2/2）=1：2$$

解得：

$$n = 3.4s$$

◯ 复习题

1. 关于速度和加速度的关系，下列说法中正确的是（　　）

    A. 加速度很大，说明速度一定很大

    B. 加速度很大，说明速度的变化一定很大

    C. 加速度很大，说明速度的变化率一定很大

    D. 只要有加速度，速度就会不断增加

2. 关于匀速直线运动，下列说法中正确的是（　　）

    A. 瞬时速度不变的运动，一定是匀速直线运动

    B. 速率不变的运动，一定是匀速直线运动

    C. 相同时间内平均速度相同的运动，一定是匀速直线运动

    D. 瞬时速度的方向始终不变的运动，一定是匀速直线运动

3. 下列说法中正确的是（　　）

    A. 运动物体在某一时刻的速度可能很大而加速度可能为零

    B. 运动物体在某一时刻的速度可能为零而加速度可能不为零

    C. 在初速度为正、加速度为负的匀变速直线运动中，速度不可能增大

    D. 在初速度为正、加速度为正的匀变速直线运动中，当加速度减小时，它的速度也减小

4. 物体通过两个连续相等位移的平均速度分别为 $v_1=10m/s$，$v_2=15m/s$，则物体在整个运动过程中的平均速度是（　　）

    A. 12.5m/s   B. 12m/s   C. 12.75m/s   D. 11.75m/s

5. 下列关于路程和位移的说法中，正确的是（　　）

    A. 位移为零时，路程一定为零

    B. 路程为零时，位移不一定为零

    C. 物体沿直线运动时，位移的大小可以等于路程

    D. 物体沿曲线运动时，位移的大小可以等于路程

6. 物体由静止开始做匀加速直线运动，若第1秒内物体通过的位移是0.5m，则第2秒内通过的位移是（　　）

A. 0.5m　　B. 1.5m　　C. 2.5m　　D. 3.5m

7. 物体从距地面某高处开始做自由落体运动，若下落前一半路程所用的时间为t，则物体下落全程所用的时间为（　　）

A. t　　　B. 4t　　　C. 2t　　　D. $2\sqrt{2}\,t$

8. 一个物体做自由落体运动，取$g = 10\text{m/s}^2$，则（　　）

A. 物体2s末的速度为20m/s　　　　B. 物体2s末的速度为10m/s

C. 物体2s内下落的高度是40m　　　D. 物体2s内下落的高度是20m

9. 一个自由下落的物体，下落2s时，它下落的距离为多少米？速度为多少？（重力加速度$g = 10\text{m/s}^2$）

10. 某物体做直线运动，先以5m/s的速度运动4s，又以2.5m/s^2的加速度继续运动4s，最后做匀减速直线运动，第12s末停止。求：

（1）物体第八秒末的速度。

（2）物体做匀减速运动的加速度。

11. 以10m/s的速度行驶的汽车，紧急刹车后加速度的大小是6.0m/s^2，求刹车后5.0s内的位移。

12. 一个同学从A地出发，向东走了400米到B地，又向西走了700米到C地，再向南走400米到D点。试求：

（1）该同学共走了多少路程？

（2）该同学到D地时离出发点A地的位移。

13. 一个物体从塔顶自由下落,测得物体落地前最后1s内下落的高度是塔高的9/25，求：

（1）塔的高度。

（2）物体下落的时间。

3 牛顿定律
Newton's Laws

　　在第一章我们学习了物体在静止或匀速直线运动状态下的受力问题，这时物体处于平衡状态，所受的力为平衡力。这部分内容在物理学中叫做静力学(statics)。第二章研究了物体在直线上的运动，包括匀速运动和变速运动，在变速运动中重点讨论了匀变速直线运动。这部分内容在物理学中属于运动学(kinematics)。在前边两章知识的基础上，我们在这一章里来研究运动和力的关系，它的基础是牛顿第一定律和第二定律。这部分内容在物理学中属于动力学(dynamics)。

　　学习动力学的知识后，可以在知道物体受力情况后确定物体的运动状态；或是在知道物体的运动状态的情况下，确定它的受力情况。动力学的知识在科学研究和生产实际中有着非常广泛的应用，如研究交通工具的速度问题、天体的运动问题等。

第一节　牛顿第一定律
Newton's first law

1 引言
Introduction

　　在桌上放着一本物理书，它是静止的，怎样才能让它运动起来呢？要用力去推它。从这个例子可以看出物体要运动，需要对它施加力的作用。力是使物体运动的原因吗？这是一个运动和力的关系问题。这个问题在2000多年前人们就对它进行了研究。古希腊哲学家亚里斯多德根据当时人们对运动和力的关系的认识提出一个观点：必须有力作用在物体上，物体才能运动。这种观点的提出是很自然的。我们从周围的事情出发，很容易就会得到这个结论。如车不推就不走，门不拉不开等。到17世纪，意大利科学家伽利略指出这种说法是错误的，他分析道：运动的车停下来是由于摩擦力的原因，运动物体减速的原因也是摩擦力。伽利略提出了自己的看法，他指出：物体一旦具有某一速度，没有加速和减速的原因，这个速度将保持不变。这里所指的减速的原因就是摩擦力。为了证实以上结论，他设计了一个理想实验(thought experiment)。

下面利用一个跟他的理想实验装置相似的实验，向大家介绍一下伽利略的实验。有两个斜面，用一个小球放到左边的斜面上，放手后小球从左边斜面上滚下后滚到右边的斜面上。在有摩擦力的情况下，到达右边斜面的高度比左边的释放高度要低。

伽利略所设计的实验是这样的：实验装置跟现在的一样，实验时假如没有摩擦力（当然没有摩擦力是不可能的，所以他的实验是想象中的理想实验。），小球会怎样运动。把小球放到左边斜面的某一个高度：

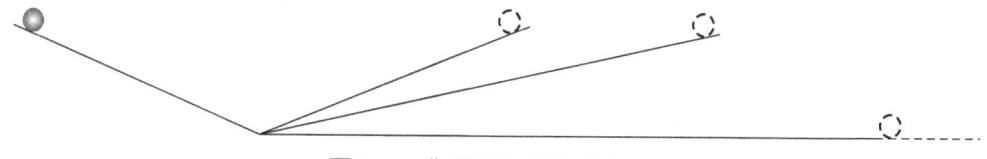

图3-1　伽利略的理想实验

放手后（由于受力的作用），小球做加速运动，所以小球从斜面上滚下时，会越滚越快；到右边斜面下端时（由于所受力的方向与速度方向相反），开始做减速运动，小球会越滚越慢。如在不计摩擦力的情况下，小球应达到左边的释放高度。改变右边斜面的倾角，使之变小，小球仍要达到同样的高度，就要在斜面上走更远的距离。当右边倾角为零时，小球将一直滚下去，永远达不到左边的释放高度，因此这个速度将保持不变。

法国科学家笛卡尔补充和完善了伽利略的论点，提出了惯性定律：如果没有其他原因，运动的物体将继续以同一速度沿着一条直线运动，既不会停下来，也不会偏离原来的方向。伽利略和笛卡尔对物体的运动作了准确的描述，但是没有指明加速、减速和匀速运动的原因是什么，这个原因与运动的关系是什么。而牛顿回答了这个问题。

2 牛顿第一定律
Newton's first law

牛顿总结了前人的经验，指出了加速和减速的原因是什么，并指出了这个原因与运动的关系，这就是牛顿第一定律。

牛顿第一定律：

一切物体总保持匀速运动状态或静止状态，直到有外力迫使它改变这种状态为止。

An object at rest stays at rest and an object in motion stays in motion at a constant speed in a straight line unless acted on by an external, unbalanced force.

物体的这种保持原来的匀速直线运动或静止状态的性质叫惯性(inertia)，所以牛顿第一定律又叫惯性定律(law of inertia)。

从牛顿第一定律可以看出：

（1）物体在不受力时，总保持匀速运动状态或静止状态。

（2）物体的这种保持原来的匀速直线运动或静止状态的性质叫惯性。

（3）物体运动状态的改变需要外力。我们所遇到的实际问题中，物体不受力的情况是没有的。物体受平衡力时（或者说合力为零时）的情况跟不受力的情况是相同的。力是改变物体运动状态的原因，而惯性是维持物体运动的原因(A force is the reason for the change in an object's state of motion, while inertia is the reason for the continuing motion of the object)。

3 物体运动状态的改变
Change in an object's state of motion

一个物体，如果它的速度的大小和方向保持不变，我们就说，这个物体的运动状态保持不变。如果一个物体的速度发生了变化，即大小或方向或二者均发生了变化，我们就说物体的运动状态发生了变化。

从牛顿第一定律知道，如果物体不受力，则物体的运动状态不发生变化；也可以说，如果物体的运动状态发生了变化，那么这个物体一定受力的作用。

我们已知道，物体运动状态改变时（即速度发生了变化）就要产生加速度，而力又是改变物体运动状态的原因，所以，力是物体产生加速度的原因(A force is the reason for an object's acceleration)。

4 质量是物体惯性大小的量度
Mass is a measure of the inertia

物体运动状态的改变与物体的惯性有关。惯性越大的物体，保持其原有的运动状态的本领越强，要想改变它的运动状态也越困难。

由于惯性是个比较抽象的量，我们用什么来衡量惯性的大小呢？一辆空车和一辆装满货物的车，在同样的牵引力下由静止开始运动，它们的运动状态改变并不相同，空车的质量小，在较短的时间内就可以达到某一速度，产生的加速度大，运动状态容易改变。装满货物的车，需要较长的时间才能达到同一速度，产生的加速度小，运动状态不容易改变。

质量小的物体，运动状态容易改变，我们说它惯性小；质量大的物体，运动状态不容易改变，我们说它惯性大。可见，质量是物体惯性大小的量度。既然物体运动状态的改变和加速度有关，而加速度的大小又和物体的受力与质量有关，那么它们的具体关系是怎样的呢？这就是牛顿第二定律要解决的问题。

第二节 牛顿第二定律

Newton's second law

1 加速度和力的关系
Relationship between acceleration and force

我们先看一个实验：图3-2中是两辆质量相同的小车，放在光滑的水平板上，小车的前端各系上细绳，绳的另一端跨过定滑轮各挂一个小盘，盘里放有数量不等的砝码，使两辆小车在不同的拉力下做匀加速运动。

实验中应注意两个问题：1. 砝码跟小车相比质量较小，细绳对小车的拉力近似等于砝码所受的重力。2. 用一只夹子夹住两根细绳，以同时控制两辆小车。

实验的做法为：1. 在两砝码盘中放不同数量的砝码，以使两小车所受的拉力不同。2. 打开夹子，让两辆小车同时从静止开始运动，一段时间后关上夹子，让它们同时停下来。

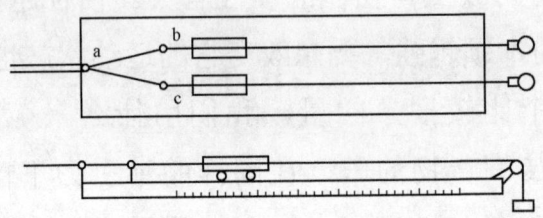

图3-2　研究牛顿第二定律得实验装置

需观察的现象：观察两辆车在相等的时间里，所发生的位移的大小。

分析推理：

1. 由公式$s=at^2/2$得到：在时间t一定时，位移s和加速度a成正比；

2. 由实验现象得到：小车的位移与它们所受的拉力成正比。

3. 推理得到结论：对质量相同的物体，物体的加速度与作用在物体上的力成正比，即：$a_1/a_2=F_1/F_2$或$a \propto F$。

2 加速度和质量的关系
Relationship between acceleration and mass

还是从实验出发来研究加速度和质量的关系，实验装置同上。前一次实验中，我们是保持小车质量不变，而改变小车所受力的大小，来研究加速度和力之间的关系的。本次实验是使两辆小车所受拉力相同，进而在一辆小车上加放砝码，以增大质量，研究加速度和质量之间的关系。

实验现象：在相同的时间里，质量小的那辆小车的位移大。分析推理，得到结论：在相同的力作用下，物体的加速度跟物体的质量成反比，即$a_1/a_2=m_2/m_1$或$a \propto 1/m$。

3 牛顿第二定律
Newton's second law

综合上述实验中得到的两个关系，可以得到下述结论：

物体的加速度跟作用力成正比，跟物体的质量成反比，且加速度的方向与引起这个加速度的力的方向相同。

The acceleration of an object is directly proportional to the net force acting on the object, is in the direction of the net force, and is inversely proportional to the mass of the object.

用公式表示即：$a \propto F/m$ 或者 $F \propto ma$ 或写成 $F=kma$。

式中 k 是比例常数。如果公式中的物理量选择合适的单位，可以使 $k=1$，从而简化公式。我们知道，在国际单位制中，力的单位是牛顿，其实，牛顿这个单位就是根据牛顿第二定律定义的：使质量为1千克的物体产生 $1m/s^2$ 的加速度的力叫做1牛顿。即 $1N=1kg \cdot 1m/s^2$。可见，如果都采用国际单位制，则 $k=1$，则牛顿第二定律可以简化为：

$$F = ma$$

上面我们研究的是物体受到一个力作用时的情况。当物体受到几个力作用时，上述关系可推广为：物体的加速度跟所受的合力成正比，跟物体的质量成反比，加速度的方向跟合力的方向相同。即：

$$F_合 = ma$$

从牛顿第二定律可以看出：物体只有受到力的作用，才具有加速度。如受到的力恒定不变，加速度也恒定不变；如力随着时间改变，加速度也随着时间改变；力的作用停止，则加速度也随即消失。

第三节　牛顿第三定律

Newton's third law

1　力和物体的相互作用

Force and the interaction between objects

力是物体对物体的作用，只要有力的存在，就一定有施力物体和受力物体。例如：

用手拉弹簧，弹簧受到手的拉力，同时弹簧发生形变，手也受到弹簧的拉力。人坐在椅子上用力推桌子，会感到桌子也在推人，人身体要向后平移。在平静的水面上，在一只船上用力推另一只船，相当于另一只船也在推这只船，两只船将同时向相反的方向运动，如图3-3所示。

图3-3 力的作用是相互的

观察和实验表明，两个物体之间的作用总是相互的。一个物体对另一个物体有力的作用时，另一个物体一定同时对它有力的作用。物体间相互作用的这一对力，通常叫做作用力和反作用力。如果我们把其中的一个叫作用力，用F表示，那么另外一个就叫反作用力，用F'表示。

2 牛顿第三定律
Newton's third law

牛顿第三定律就是描述作用力与反作用力关系的，如下：

两个物体之间的作用力和反作用力总是大小相等、方向相反、作用在同一条直线上。

Whenever one object exerts a force on a second object, the second object exerts an equal and opposite force on the first.

牛顿第三定律用公式可以表示为：

$$F = -F'$$

1. 下列关于惯性的说法，正确的是（　　）

   A. 只有静止或做匀速直线运动的物体才具有惯性

   B. 做变速运动的物体没有惯性

   C. 有的物体没有惯性

   D. 两个物体质量相等，那么它们的惯性大小相等

2. 根据牛顿第一定律，下列说法中正确的有（　　）

   A. 静止或匀速直线运动的物体，一定不受任何外力作用

   B. 物体运动不停止是因为受到力的作用

   C. 要改变物体运动状态，必须有外力作用

   D. 外力停止作用后，物体由于惯性会很快停下来

3. 物体静止放于水平桌面上，则（　　）

   A. 桌面对物体的支持力的大小等于物体的重力，这两个力是一对相互平衡的力

   B. 物体所受的重力和桌面对它的支持力是一对作用力与反作用力

   C. 物体对桌面的压力就是物体的重力，这两个力是同一种性质的力

   D. 物体对桌面的压力和桌面对物体的支持力是一对相互平衡的力

4. 关于运动和力，正确的说法是（　　）

   A. 物体速度为零时，合外力一定为零

   B. 物体做曲线运动，合外力一定是变力

   C. 物体做直线运动，合外力一定是恒力

   D. 物体做匀速运动，合外力一定为零

5. 一个原来静止在水平面上的物体，质量为2.0kg，在水平方向受到4N的拉力，物体跟平面的滑动摩擦是2N，求物体4.0s末的速度和在4.0s内发生的位移。

6. 一个物体在光滑的水平面上受到一个恒力的作用，在0.3s的时间内，速度从0.2m/s增加到0.4m/s，这个物体受到另一个恒力的作用时，在相同的时间内，速度从0.5m/s增加到0.8m/s。第二个力和第一个力之比是多大？

7. 一个质量 m 为3.0kg的物块，静置在水平面上。物块与水平面间的动摩擦因数为0.2，现在给物块施加一个大小为15N、方向向右的水平推力 F_1，并持续作用6秒，在6秒末时撤去 F_1，在撤去 F_1 的同时给物块施加一个大小为12N、方向向左的水平推力 F_2，持续作用一段时间后又将它撤去，并立即给物块施加一个大小仍为12N，方向向右持续作用的水平推力 F_3。已知：物块由静止开始运动，经历14s速度达到18m/s，方向向右。求物块在14s内发生的位移。（g 取10m/s^2）

4 曲线运动
Curvilinear Motion

第一节　曲线运动

Curvilinear motion

　　到现在为止，我们讨论了直线运动的运动学和动力学问题，而实际中普遍发生的是曲线运动，如导弹(missile)所做的运动，汽车转弯时所做的运动，人造卫星绕地球的运动，这些物体的运动轨迹都是曲线(curve)。本章将运用已经学过的运动学的基本概念和动力学的基本规律——牛顿运动定律来研究曲线运动。

1　曲线运动的速度方向
Velocity direction of curvilinear motion

　　曲线运动与直线运动的明显区别是，曲线运动中速度方向是时刻改变的。怎样确定做曲线运动的物体在任意时刻的速度方向呢？

　　在砂轮上磨刀具时，刀具与砂轮接触处有火星沿砂轮的切线方向飞出；撑开的带着水的伞绕伞柄旋转时，水滴将沿着伞的边缘的切线方向飞出。

　　曲线运动中，速度的方向是时刻改变的，质点在某一点（或某一时刻）的速度的方向是在曲线的这一点的切线方向(When a body moves along a curved path, its velocity changes in direction, and at a certain point (or time instant), the direction of the velocity is along the tangent line)。（如图4–1）

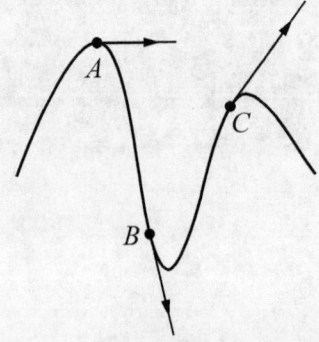

图4-1 曲线运动的方向

我们知道，速度是矢量，既有大小，又有方向。只要大小或方向的任何一个变化或两个同时变化，速度矢量就发生了变化，也就是存在加速度。由于曲线运动的物体速度方向时刻改变，所以曲线运动是变速运动。

2 曲线运动的条件
Condition for curvilinear motion

已经知道了曲线运动的存在，那么曲线运动的条件是什么呢？我们来看一个实验。一个在水平面上做直线运动的钢珠，如果从旁给它施加一个侧向力，它的运动方向就会改变，不断给钢珠施加侧向力，或者在钢珠运动的路线旁放一块磁铁，钢珠就偏离原来的方向沿曲线运动。（如图4–2）

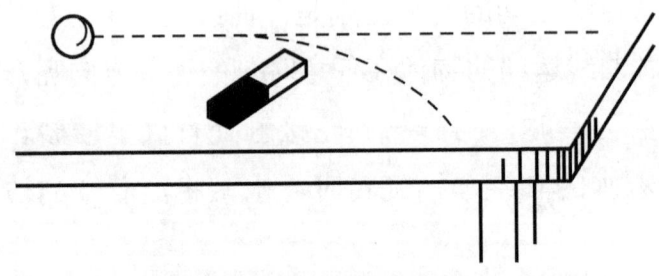

图4-2 曲线运动的条件

实验表明，当物体所受的合力的方向跟它的速度方向不在同一直线时，物体就沿曲线运动(The existence of a non-vanishing resultant force at an angle with the velocity is the condition for curvilinear motions)。

当合力的方向与物体的速度方向在同一直线上时，产生的加速度也在这条直线上，物体就做直线运动。如果合力的方向跟速度方向不在同一条直线上时，产生的加速度就和速度成一夹角，这时，合力就既可以改变速度的大小，又可以改变速度的方向，物体就沿曲线运动。

第二节　曲线运动的合成和分解

Composition and decomposition of curvilinear motion

上一节我们学习了曲线运动，它比直线运动复杂。为研究复杂的运动，可以把复杂的运动分成简单的运动，本节我们就来研究一种常用的方法——运动的合成和分解。

我们来看一个实验。

在长约80~100cm一端封闭的管中注满清水，水中放一个由红蜡做成的小圆柱体（大致要求它能在水中匀速上浮），将管的开口端用胶塞塞紧。将此管紧贴黑板竖直倒置，蜡块就沿玻璃管匀速上升，做直线运动，记下它由A移动到B所用的时间。然后，玻璃管仍旧倒置，在蜡块上升的同时，将玻璃管水平向右匀速移动，观察到它是斜向右上方移动的，经过相同的时间，它由A运动到C。（如图4–3）

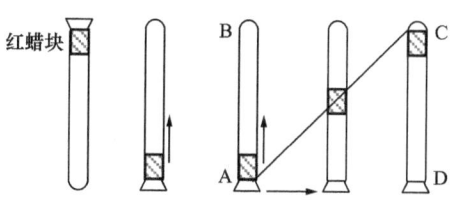

图4-3　合运动与分运动关系实验

红蜡块可看成是同时参与了下面两个运动，在玻璃管中竖直向上的运动（由A到B）和随玻璃管水平向右的运动（由A到D），红蜡块实际发生的运动（由A到C）是这两个运动合成的结果。红蜡块沿玻璃管在竖直方向的运动和随着管水平方向的运动，叫做<u>分运动</u>(component motions)。红蜡块实际发生的运动叫做<u>合运动</u>(resultant motion)。合运动可以看成上面两个分运动合成的结果。合运动的位移、速度叫做合位移、合速度；分运动的位移、速度叫做分位移、分速度。

运动的合成和分解遵循平行四边形法则。合运动和分运动具有等时性，即合运动所用的时间和分运动所用的时间相同。已知分运动求合运动的过程，叫运动的合成；已知合运动求分运动的过程，叫运动的分解。下面看两个例子。

【例1】飞机以$v=300$km/h的速度斜向上飞行，方向与水平方向成30°角，求水平方向的分速度v_x和垂直方向的分速度v_y。

[分析]飞机斜向上的飞行运动可以看成它在水平方向和垂直方向分运动的合成。把$v=300$km/h分解就可以求得分速度。

[解]根据运动分解结果，分速度为：

$$v_x = v\cos30° = 260\text{km/h}$$

$$v_y = v\sin30° = 150\text{km/h}$$

【例2】如图所示，质量为m的人站在自动扶梯的水平台阶上，扶梯与水平面的夹角为α，当人随着扶梯以加速度a向上运行时，人受的摩擦力大小是多少？方向如何？人对台阶的压力大小是多少？

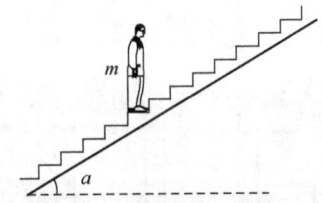

[分析]加速度是矢量，合运动的加速度也是两个分运动的加速度的矢量和。本题可先将加速度进行分解，然后应用牛顿第二定律解决问题。

[解]根据题意，以人为研究对象，受力分析如图①所示，所以

人受台阶的摩擦力：$f = ma_x$　　　　　　　　　　　　　　（1）

人受台阶的支持力为N，受地心引力为$-mg$：　$N-mg = ma_y$　　（2）

将加速度a进行分解如图②所示，所以

$$a_x = a\cos\alpha \tag{3}$$

$$a_y = a\sin\alpha \tag{4}$$

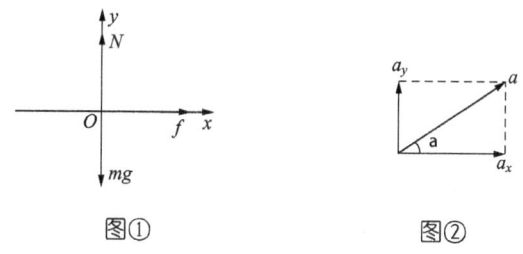

图① 图②

将式（3）、式（4）代入式（1）、式（2）得：

$$f = ma\cos\alpha$$

$$N = mg + ma\sin\alpha$$

根据牛顿第三定律，人对台阶的压力为：

$$N' = -(mg + ma\sin\alpha)$$

说明扶梯对人的静摩擦力方向向右，使人产生沿x轴的加速度，这里的静摩擦力对人来说是动力（摩擦力不一定是阻力，也可以成为动力）。

第三节　平抛物体的运动

Horizontal projectile motion

1 平抛物体的运动

Horizontal projectile motion

用枪水平地射出一颗子弹，子弹将做什么运动？这种运动具有什么特点？我们这样定义这种运动：

将物体用一定的初速度沿水平方向抛出，不计空气阻力，这种物体只在重力作用下所做的运动，叫平抛运动。

The motion of a body that is given an initial horizontal velocity and is acted on only by gravity not considering air resistance is called a horizontal projectile motion.

用力打一下桌上的小球，使它以一定的水平初速度离开桌面，小球所做的就是平抛运动，并且我们看到它做的是曲线运动（因为物体受到与速度方向成角度的重力作用）。

平抛运动可以分解为水平方向和竖直方向上的两个分运动(We can

study the horizontal projectile motion through the horizontal component motion and the vertical component motion)。在水平方向上（也就是初速度方向）由于不受力，是匀速直线运动；在竖直方向上物体的初速度为0，且只受到重力作用，是自由落体运动。通过频闪照相的方法，我们可以对这一结论进行验证。图4-4是平抛运动和自由落体运动对照的频闪照片。

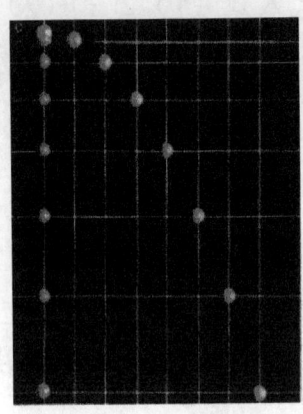

图4-4 平抛运动和自由落体运动的频闪照片

可以看出，尽管两球在水平方向上的运动不同，但它们在竖直方向上的运动是相同的，即经过相同的时间，落到相同的高度。仔细测量平抛出去的球在相同时间里的水平距离（从图也可以看出，在相同的时间里，球的水平距离都是一个格），可以得出，水平方向上的分运动是匀速直线运动。

2 平抛物体的运动规律
Law of horizontal projectile motion

既然平抛运动可以分解为水平方向上的匀速直线运动和竖直方向的自由落体运动，我们就可以通过分析分运动的规律来研究合运动的运动规律。以起抛点为坐标原点，水平方向为x轴（正方向和初速度v_0的方向相同），竖直方向为y轴，正方向向下，建立坐标系，如图4-5所示：

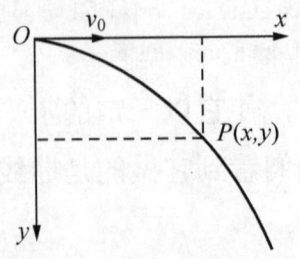

图4-5 平抛运动坐标系图

则物体在任意时刻t的物体位置坐标为：

$$\begin{cases} x = v_0 t \\ y = \dfrac{1}{2}gt^2 \end{cases}$$

运用上式我们就可以求得物体在任意时刻的坐标，找到物体所在的位置点，用平滑曲线把这些点连起来，就得到平抛运动的轨迹——抛物线。

对于平抛物体速度求解：

a：水平分速度：$v_x = v_0$

b：竖直分速度：$v_y = gt$

c：t秒末的合速度：$v_t = \sqrt{v_x^2 + v_y^2} + \sqrt{v_0^2 + g^2 t^2}$

d：v_t的方向：$tan\theta = \dfrac{v_y}{v_x} = \dfrac{gt}{v_0}$

下面我们通过一个例子来更好地理解平抛物体的运动。

【例3】一架飞机在高出地面0.81km的高度，以2.5×10^2km/h的速度水平飞行，为了使飞机上投下的炸弹落在指定的目标，应该在与目标的水平距离为多远的地方投弹？（不计空气阻力）

解：因为 $\qquad y = gt^2/2$

所以 $\qquad t = (2y/g)^{1/2}$

又，在这段时间内炸弹通过的水平距离为：

$x = v_0 t = v_0 (2y/g)^{1/2} = 0.89$km

即：飞机应在离轰炸目标水平距离为0.89km的地方投弹。

第四节　匀速圆周运动

Uniform circular motion

我们已经知道，速度方向与力的方向在同一条直线上时，物体做直线运动，不在同一直线上时，物体就沿曲线运动。在曲线运动中，有一种特殊的运动形式，物体运动的轨迹是一个圆周或一段圆弧，称为圆周运动。大到宇宙天体如月球绕地球的运动，小到微观世界电子绕原子核的运动，都可看成圆周运动，它是一种常见的运动形式。在圆周运动中，最简单的是匀速圆周运动：

质点沿圆周运动，如果在相等的时间里通过的圆弧长度相同，这种运动就叫匀速圆周运动。

If a particle, moving along a circular path, covers equal lengths of arc in equal intervals of time, its motion is known as the uniform circular motion.

下面我们来研究如何描述匀速圆周运动。

1　线速度、角速度和周期
Linear velocity, angular velocity and period

沿圆周运动的物体，其转动快慢并不一定相同，那么如何来描述匀速圆周运动的快慢呢？物体在做匀速圆周运动时，运动的时间t增大几倍，通过的弧长也增大几倍，所以对于某一匀速圆周运动而言，s与t的比值越大，物体运动得越快。单位时间内通过的弧长越长，表示运动得越快。这个比值代表匀速圆周运动中线速度的大小，用符号v表示，则有：

$$v = s/t$$

线速度是相对下面要讲的角速度而命名的。线速度是物体做匀速圆周运动的瞬时速度。线速度是矢量，它既有大小，也有方向。由于匀速圆周运动是曲线运动，线速度的方向在圆周各点的切线方向上。（如图4-6）

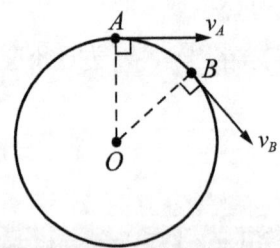

图4-6　匀速圆周运动中线速度的方向

匀速圆周运动是一种非匀速运动，尽管线速度的大小不变，但线速度的方向在时刻改变。因此，匀速圆周运动的"匀速"指的是速率不变。

匀速圆周运动的快慢也可以用角速度来描述。物体在圆周上运动得越快，连接运动物体和圆心的半径在单位时间内转过的角度就越大，所以匀速圆周运动的快慢可以用半径转过的角度φ与所用的时间t的比值来表示。这个比值叫匀速圆周运动的角速度，用符号ω来表示，则有：

$$\omega = \varphi / t$$

我们知道，圆心角φ与弧长s成正比，所以对于某一确定的匀速圆周运动，ω是个定值。

角速度的单位取决于角度和时间的单位。在国际单位制中，角速度的单位是弧度每秒，符号是rad/s。

匀速周圆运动的一个显著特点是具有<u>周期性</u>(periodic)。周期是指物体运动一段时间后，又重新回到原来的位置，瞬时速度也回到原来的大小和方向。匀速圆周运动的物体沿圆周运动一周所用的时间称为一个周期，周期一般用符号T表示。周期也是描述物体运动快慢的物理量，周期长，说明物体运动得慢，反之则说明物体运动得快。周期的倒数叫<u>频率</u>(frequency)，用符号f表示，

$$f = 1/T$$

频率表示物体单位时间内完成了多少个周期的运动。频率越高说明物体运动得越快。

实际生活中也常用转速来描述物体运动的快慢。转速是指物体每秒转过的圈数。用符号n表示，单位是转每秒，符号r/s，另外还经常用r/min。

2 线速度、角速度和周期的关系
Relation of linear velocity, angular speed and period

线速度、角速度和周期都可以来描述匀速圆周运动的快慢，它们之间有什么关系呢？

物体沿半径为r的圆周运动，则一个周期T内转过的弧长为2πr，转过的角度为2π，所以线速度和角速度分别为：

$$v = 2\pi r / T \qquad \omega = 2\pi / T$$

由上面二式可得$v = \omega r$。这就是它们之间的关系。当v一定时，ω与r成反比；当ω一定时及v与r成正比；当r一定时，v与ω成正比。

第五节　向心力

1 向心力
Centripetal force

匀速圆周运动是一种曲线运动，由物体沿曲线运动的条件可知，物体必定受到一个与它的速度方向不在同一条直线上的合外力作用，这个合外力的方向有何特点呢？我们先来看以下实验。

一个小球，拴住细绳的一端，绳的另一端固定于水平桌面上，细绳刚开始处于松弛状态，给小球一个初速度，小球做匀速直线运动，当绳绷直时，小球做匀速圆周运动。（如图4-7）

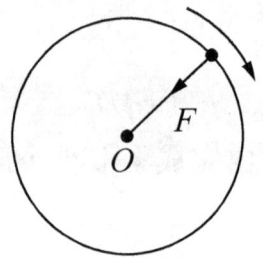

图4-7　向心力的方向

细绳绷紧前，在水平方向上不受力，小球沿直线运动；绳绷紧后，小球受到一个指向圆心的力而沿圆周运动。我们把这个力叫向心力，用符号F表示。

沿圆周匀速运动的物体受到一个指向圆心的合力的作用，这个力叫向心力。向心力指向圆心，方向不断变化。向心力的作用效果，只改变运动物体的速度方向，不改变速度大小，即，向心力的方向和线速度的方向垂直，线速度为切线方向。

实验表明，匀速圆周运动所需向心力F的大小为：

$$F = m\omega^2 r$$

其中，m是物体的质量，ω为匀速圆周运动的角速度，r为圆周的半径。根据$\omega = v/r$，可推导出向心力的另一表达式：

$$F = mv^2/r$$

2　向心加速度
Centripetal acceleration

做圆周运动的物体，在向心力F的作用下必然要产生一个加速度，据牛顿运动定律，这个加速度的方向与向心力的方向相同，叫做向心加速度。结合牛顿第二定律$F = ma$，由向心力公式我们可以得到向心加速度a的公式：

$$a = \omega^2 r$$

$$a = v^2/r$$

由于向心加速度的方向时刻在变，所以匀速圆周运动是瞬时加速度的方向不断改变的变加速运动。做匀速圆周运动的物体，向心力是一个效果力，方向总指向圆心，是一个变力。做匀速圆周运动的物体受到的合外力就是向心力。

复习题

1. 下列说法中正确的是（　　）

A. 曲线运动一定是变速运动

B. 变速运动一定是曲线运动

C. 匀速圆周运动就是速度不变的运动

D. 匀速圆周运动就是角速度不变的运动

2. 一质点做匀速圆周运动，下列说法中，错误的是（　　）

A. 任意相等的时间内，通过相等的弧长

B. 任意相等的时间内，通过的位移相同

C. 任意相等的时间内，转过相等的角度

D. 任意相等的时间内，速度的变化相同

3. 下列关于向心力的说法中，正确的是（　　）

A. 物体由于做圆周运动而产生了向心力

B. 向心力不改变圆周运动物体速度的大小

C. 做匀速圆周运动的物体其向心力是不变的

D. 做圆周运动的物体所受各力的合力一定是向心力

4. 如图所示，一圆盘可绕一通过圆心且垂直盘面的竖直轴转动。在圆盘上放置一木块，木块圆盘一起做匀速运动，则（　　）

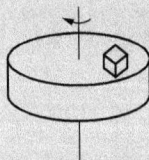

A. 木块受到圆盘对它的摩擦力，方向与木块运动方向相反

B. 木块受到圆盘对它的摩擦力，方向与木块运动方向相同

C. 木块受到圆盘对它的摩擦力，方向指向圆心

D. 木块受到圆盘对它的摩擦力，方向背离圆心

5. 下列关于运动状态与受力关系的说法中，正确的是（　　）

A. 物体的运动状态发生变化，物体的受力情况一定变化

B. 物体在恒力作用下，一定做匀变速直线运动

C. 物体的运动状态保持不变，说明物体所受的合外力为零

D. 物体做曲线运动时，受到的合外力可以是恒力

6. 关于平抛运动，下面的几种说法正确的是（　　　）

A. 平抛运动是一种不受任何外力作用的运动

B. 平抛运动是曲线运动，它的速度方向不断改变，不可能是匀变速运动

C. 平抛运动可以分解为水平方向的匀速直线运动和竖直方向的自由落体运动

D. 平抛运动的落地时间与初速度大小无关，而落地时的水平位移与抛出点的高度有关

7. 一个质点沿半径为R的圆周运动一周，回到原地。它在运动过程中路程、位移大小的最大值分别是（　　　）

　　A. $2\pi R$，$2\pi R$　　　B. $2R$，$2\pi R$　　　C. $2R$，$2R$　　　D. $2\pi R$，$2R$

8. 水平抛出一个物体，经时间t落地，落地时速度大小为v_t，则平抛的初速度为（　　　）

　　A. $v_t - gt$　　　　B. $v_t + gt$　　　C. $\sqrt{a_t^2 - (gt)^2}$　　D. $\sqrt{v_t^2 + (gt)^2}$

9. 质量为m的汽车，以速率v通过半径为r的凸形桥，在桥面最高点时汽车对桥面的压力是（　　　）

　　A. mg　　　　　　B. $\dfrac{mv^2}{r}$　　　　C. $mg - \dfrac{mv^2}{r}$　　　D. $mg + \dfrac{mv^2}{r}$

10. 自行车的车轮有许多规格，有"28"和"24"两种规格的车轮直径分别是142cm和122cm。如果这两种自行车的车速相同，那么此时两种自行车车轮转动的角速度之比是多少？

11. 从某一高度平抛一物体，当抛出2s后它的速度方向与水平方向成45°角，落地时速度方向与水平成60°角。求：（1）抛出时的速度；（2）落地时的速度；（3）抛出点距地面的高度；（4）物体水平方向的位移。（g取10m/s²）

12. 如图所示，支架质量为M，置于粗糙水平地面上，转轴O处悬挂一个质量为m的小球，拴球的细线长为L。当小球在竖直平面内做圆周运动时，支架始终保持静止状态。若小球到最高点时，恰好支架对地面无压力，求小球到达最高点时速度的大小。

5 动量
Momentum

棒球场上，击球手挥动球棒将迎面飞来的球击打出去，虽然这类问题可用牛顿运动定律来分析，但是在球棒击球的力是随时间变化的，而且变化规律难以确定。因此直接用牛顿运动定律分析就有困难。物理学家在研究打击和碰撞问题时，引入了冲量和动量的概念，研究了与二者有关的规律，确立了动量定理(theorem of momentum)与动量守恒定律(conservation of momentum)，应用动量的相关知识，上面提到的问题就能迎刃而解了。这一章，我们就来学习动量及其相关规律及如何分析打击碰撞等问题。

第一节　冲量和动量

Impulse and momentum

力是物体对物体的作用。力F对物体作用一段时间t，力F和所用时间t的乘积有什么物理意义？质量是物体惯性的量度，是物体内在的属性。速度是物体运动的外部特征。物体的质量与它运动速度的乘积又有什么物理意义？这就是我们本节要讲的冲量(impulse)和动量(momentum)。

1 冲量
Impulse

一个质量为m的静止物体，在力的作用下开始运动，经过时间t将获得多大的速度？根据前面学过的牛顿定律我们知道，物体在力的作用下得到的加速度$a = F/m$，经过时间t，获得的速度为$v = at = Ft/m$，根据这个等式，我们得到：

$$mv = Ft$$

由此可见，要使一个静止的物体获得某一速度v，可以用一个较大的力对物体作用较短的时间，也可以用一个较小的力对物体作用较长的时间，只要二者的乘积Ft相同，物体就能获得相同的速度。就是对同一物体来说，其获得的速度大小由力和时间的乘积Ft决定。物理学中，

力F和力的作用时间t的乘积Ft叫做力的冲量，用I表示。

The product of the force and the time duration of the force is called the impulse of the force, denoted by I.

$$I = Ft$$

国际单位制中，力的单位是N，时间的单位是s，所以冲量的单位就是牛秒，符号为N·s。

需要注意的是：冲量是一个矢量，冲量的方向由力的方向确定(Impulse is a vector quantity, and its direction is determined by the direction of the force)。

如果在力的作用时间内，力的方向保持不变，则力的方向就是冲量的方向。如果力的方向在不断变化，如用绳子使物体做圆周运动，绳的拉力在时间t内的冲量，就不能说是力的方向就是冲量的方向。

对于方向不断变化的力的冲量，其方向可以通过动量变化的方向间接得出(As for a force keeping changing direction, the direction of its impulse can be derived indirectly from the direction of the change of its momentum)。

另外计算时要注意是求一个力的冲量，还是求合力的冲量。

2　动量
Momentum

由上节的公式我们还能看出，原来质量不同的两个物体，在相同的冲量作用下，虽然得到的速度v大小不相同，但是mv是相同的，都等于它们受到的冲量I。在物理学中，

物体的质量m与速度v的乘积mv叫做动量，用p表示。

The product of the mass and velocity of a body is called its linear momentum, denoted by p.

$$p = mv$$

国际单位制中，质量的单位是kg，速度的单位是m/s，所以动量的单位是千克米每秒，符号为kg·m/s。

质量均为m的两个物体在光滑水平面上都是由西向东运动，同时撞到一个静止在水平面上的物体，静止的物体将向东运动。如果这两个物体一个由东向西、一个由西向东运动，同时撞到静止在水平面上的物体，这个物体可能还静止不动。可见动量不仅有大小，而且还有方向。<u>动量是一个矢量，动量的方向由速度方向确定</u>(Momentum is a vector quantity, and its direction is determined by the direction of the velocity)。如果物体沿直线运动，动量的方向可用正、负号表示。动量的运算服从矢量运算法则，即可按照平行四边形法则进行合成与分解。

我们来看一个例题。

【例1】质量为m的小球以水平速度v垂直撞到竖直墙壁上后，以相同的速度大小反弹回来。求小球撞击墙壁前后动量的变化。

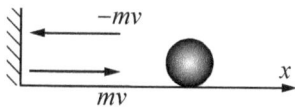

[解] 取反弹后速度的方向为正方向。碰撞后小球的动量$p' = mv$。碰撞前速度v的方向与规定的正方向相反，为负值。碰撞前动量$p = -mv$。小球动量的改变量为：

$$p' - p = mv - (-mv) = 2mv$$

小球动量改变的方向与反弹后小球运动方向相同。

第二节　动量定理

Theorem of momentum

在前面讲冲量时，已经得出$Ft = mv$的等式。这说明物体在冲量作用下，静止的物体动量变化与冲量的关系。本节我们来具体的看看物体动量的变化与物体所受冲量之间究竟有什么关系。我们考虑一个质量为m的物体初速度为v，初动量为$p = mv$，在合力F的作用下，经过一段时间t，速度变为v'，此时的动量为$p' = mv'$，物体的加速度为$a = (v'-v)/t$，根据牛顿第二运动定律$F = ma = m(v'-v)/t$可得：

$$Ft = m(v'-v)$$

即：

$$I = p' - p$$

上式即动量定理：

在一段时间内物体动量的变化量，等于此时间间隔内物体所受合力的冲量。

Within the same time interval, the impulse acting on a body equals the change in the momentum of the body.

我们在前一节中所得到的公式$Ft=mv$，其实是动量定理的特殊情况，即初始动量为零的情况。

在上述动量定理的推导中，我们假定了力是恒定的(constant force)。实际上，物体所受的作用力通常不是恒定的(The force acting on a body is usually not a constant)。例如：用球棒击球，杯子掉到地面上，这里球和杯子所受的作用力都不是恒定的。可以证明，动量定理不但适用于作用力恒定的情况，也同样适用于作用力随时间变化的情况。对于变化的力的情况，动量定理中的F应理解为力在作用时间内的平均值(For a variable force, the F in the theorem of momentum should be explained by the average value of the force in the time of action)。

【例2】质量2kg的木块与水平面间的动摩擦因数为$\mu = 0.2$，木块在$F = 5N$的水平恒力作用下由静止开始运动。取$g = 10\text{m/s}^2$，求恒力作用在木块上10s后物体的速度。

[解] 方法1：恒力作用下的木块运动中共受到竖直向下的重力mg，水平面向上的支持力N，沿水平方向的恒力F和摩擦力，木块运动的加速度为：

$$a = (F-f)/m = (5-0.2\times2\times10)/2 = 0.5 \text{ m/s}^2$$

木块运动10s后的速度为：

$$vt = at = 0.5 \times 10\text{m/s} = 5\text{m/s}$$

方法2：木块的受力分析同上。在10s内木块所受合力的冲量为：

$$I = Ft - ft$$

木块初速度是零，10s末速度用v表示。10s内木块动量的改变就是mv。根据动量定理$I = mv$，10s末木块的速度为：

$$v = I / m = （Ft - ft）/m = （5 \times 10 - 4 \times 10）/ 2 = 5m/s$$

两种解法相比较，显然利用动量定理比较简单。动量定理可以通过牛顿第二定律和速度公式推导出来，绕过了加速度的环节。因此，用动量定理处理和时间有关的力和运动的问题时就比较方便。

第三节　动量守恒定律

Conservation of momentum

动量定理回答了一个物体受力作用一段时间后，它的动量如何变化的问题，那么如果物体相互之间有力的作用时，情况又会怎么样呢？例如有两个同学原来静止站在滑冰场上，这时不论谁推另一个人一下，他们两人都会向相反的方向滑出去，他们的动量都发生了变化。两个人本来都没有动量，现在都获得了动量，他们的动量变化遵从什么规律呢？我们将在本节讨论这一问题。

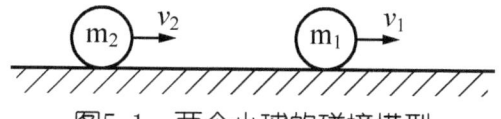

图5-1　两个小球的碰撞模型

图5–1中，在光滑水平桌面上做匀速直线运动的两个小球，质量分别为m_1和m_2，沿着同一直线的相同方向运动，速度分别是v_1和v_2，且$v_2 > v_1$，那么两个小球的总动量为$p = p_1 + p_2 = m_1v_1 + m_2v_2$；经过一段时间后，第二个小

球追上了第一个小球，并且二者之间发生了碰撞，碰撞后的速度分别是v_1'和v_2'，总动量变为$p' = p_1' + p_2' = m_1 v_1' + m_2 v_2'$，碰撞前的总动量$p$与碰撞后的总动量$p'$这两者之间又有什么关系呢？

设碰撞过程中第一个小球和第二个小球所受的作用力分别为F_1和F_2，力的作用时间即碰撞过程中两个小球的相互接触的时间为t。根据动量定理，第一个小球受到的冲量为$F_1 t = m_1 v_1' - m_1 v_1$，第二个小球受到的冲量为$F_2 t = m_2 v_2' - m_2 v_2$，同时，<u>根据牛顿第三定律，我们知道作用力与反作用力的大小相等，方向相反</u>(From Newton's third law, we know that the acting and reacting forces are equal in magnitude but opposite in direction)。则

$$F_1 t = -F_2 t$$

$$m_1 v_1' - m_1 v_1 = -(m_2 v_2' - m_2 v_2)$$

由此得 $m_1 v_1 + m_2 v_2 = m_1 v_1' + m_2 v_2'$

$$p_1 + p_2 = p_1' + p_2'$$

$$p = p'$$

上式表明，碰撞前后总的动量是相等的，那么上式成立有什么条件呢？相互之间有作用力的物体通常称为一个<u>系统</u>(system)，上面的例子中，两个小球在碰撞过程中就组成一个简单的系统。系统中各个物体之间的相互作用力称为这个系统的<u>内力</u>(internal force)，系统外部其他物体对系统的作用力称为<u>外力</u>(external force)。那么上面的例子中，两个小球在碰撞过程中的相互作用就是系统的内力。两个小球还受到外力，就是重力和桌面的支持力，但这两者之间是相互平衡的，所以有两个小球组成的系统，所受到的外力的合力为零。系统不受外力或者所受外力之和为零，就是我们得出上面等式的条件。

一个系统不受外力或者所受外力之和为零时，系统的总动量保持不变。

If a system is acted upon by no external force or a zero resultant force, the total momentum of the system will not change.

这个规律就是动量守恒定律。它适用于任何碰撞情况，不管是<u>正碰</u>(head-on collision)还是<u>斜碰</u>(not head-on collision)。它不仅适用于碰撞，也适用于各种相互作用。它不仅适用于两个物体组成的<u>简单系统</u>(simple system)，也适用于多个物体组成的复杂系统(complex system)。

　　动量守恒定律是自然界普遍适用的基本规律之一，它比牛顿运动定律的适用范围要广泛得多。牛顿运动定律适用于解决低速(low velocity)、恒力(constant force)的运动问题，而动量守恒定律不但能解决低速、恒力的运动问题，也能解决高速(high velocity)、变力(variable force)的运动问题。牛顿运动定律适用于宏观(macroscopic)物体的运动，动量守恒定律不仅适用于宏观物体的运动，而且适用于质子、中子、电子等微观(microscopic)粒子的运动。总之，小到微观粒子，大到天体，不论是什么性质的相互作用力，即使对相互作用力的情况了解得还不是很清楚，动量守恒定律也都适用。

【例3】质量为30kg的小孩以8m/s的水平速度跳上一辆静止在水平轨道上的平板车，已知平板车的质量是80kg，求小孩跳上车后人和车共同的速度。

　　[分析] 对于小孩和平板车组成的系统，由于车轮和轨道间的滚动摩擦很小，可以不予考虑，所以可以认为系统不受外力，即人、车系统动量守恒。

　　[解] 设小孩以$v=8$m/s的速度跳上车后，人和车共同速度为$V_合$。

　　人跳上车前系统的总动量 $p = mv$

　　跳上车后系统的总动量 $p'=（m+M）V_合$

　　由动量守恒定律有 $mv =（m+M）V_合$

　　解得：

$$V_合 = mv /（m+M）= 30×8 /（30+50）=3m/s$$

【例4】质量为M的平板车静止在水平路面上，车与路面间的摩擦不计。质量为m的人从车的左端走到右端。已知车长为L，求在此期间车行的距离。

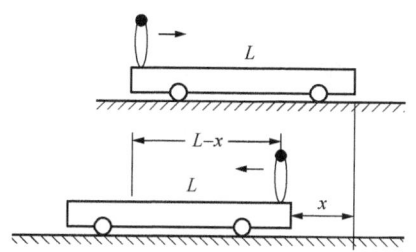

[解] 设车行距离为x。由动量守恒定律可知，人向右的动量应等于车向左的动量，即：

$$mv_人 = Mv_车$$

用位移与时间的比表示速度得：

$$m(L-x)/t = Mx/t$$

解得：

$$x = mL/(m+M)$$

[说明] 这里容易发生的错误是$v = L/t$，结果得到$x = L$。动量守恒定律中的各个速度必须是对同一个惯性参照系而言的速度，而将v写成等于L/t是小车参照系中的速度，而不是对地面参照系而言的速度，以致发生上述错误。

【例5】抛出的手雷在最高点时水平速度为10m/s，这时突然炸成两块，其中大块质量300g仍按原方向飞行，其速度测得为50m/s，另一小块质量为200g，求它的速度的大小和方向。

[分析] 手雷在空中爆炸时所受合外力应等于它受到的重力，即$G=(m_1+m_2)g$，可见系统的动量并不守恒。但在水平方向上可以认为系统不受外力，所以在水平方向上动量是守恒的。由于动量是矢量，所以动量守恒定律可选择在某个方向上应用。那么手雷在以10m/s飞行时的空气阻力（水平方向）是不是应该考虑呢？

一般说当$v=10$m/s时空气阻力应考虑，但爆炸力（内力）比这一阻力大得多，所以这一瞬间空气阻力可以不计。即当内力远大于外力时，外力可以不计，系统的动量近似守恒。

$$F_内 \gg F_外时 p' \approx p$$

[解] 设手雷原飞行方向为正方向，则$v_0=10$m/s；爆炸后，m_1的速度$v_1=50$m/s，m_2的速度方向不确定，暂设为正方向。

设原来的飞行方向为正方向，则$v_0=10$ m/s，$v_1=50$ m/s；$m_1=0.3$ kg，$m_2=0.2$ kg。

系统水平方向动量守恒得：

（m_1+m_2）$v_0＝m_1v_1+m_2v_2$

$v_2=[$（m_1+m_2）$v_0-m_1v_1]/m_2=[$（$0.3+0.2$）$\times 10-0.3\times 50]/0.2=-50$ m/s

此结果表明，质量为200g的部分以50m/s的速度向反方向运动，其中负号表示与所设正方向相反。

○ 复习题

1. 物体受到冲量越大，则（　　　）

   A. 它的动量一定大

   B. 它的动量变化一定越快

   C. 它的动量变化一定大

   D. 它所受的作用力一定大

2. 关于动量的概念，以下说法中正确的是（　　　）

   A. 速度大的物体动量一定大

   B. 质量大的物体动量一定大

   C. 两个物体的质量相等，速度大小也相等，则它们的动量一定相等

   D. 两个物体的速度相同，那么质量大的物体动量一定大

3. 两个质量相等的物体静止在光滑水平上，受到大小相等的水平恒力作用，则它们在相同的时间内（　　　）

   A. 受到的冲量一定相等

   B. 末动量大小一定相等

   C. 末动量一定相等

   D. 动量增量一定相等

4. 两个质量相等的小球,分别从不同高度自由下落，已知 $h_1 : h_2 = 1 : 2$，则它们落地瞬间两球的动量大小之比为多少？

5. 以 $v_0 = 20m/s$ 的速度做匀速运动的汽车，质量为 $2 \times 10^3 kg$，发现情况立即关闭油门，使汽车以 $4m/s^2$ 的加速度做减速运动，则关闭油门后2s末汽车的动量大小是多少？10s末汽车的动量大小是多少？

6. 质量为10kg的铁球从高5米处自由下落，与地面触后在0.2秒内停止运动，铁球碰到地面时受到的平均作用力是多少？

7. 用长为L的细绳悬吊着一个小木块，木块的质量为M。一颗子弹以水平速度射入木块，并留在木块中，和木块一起做圆周运动。为了保证子弹和小木块一起能在竖直平面内做圆运动，子弹射入木块的初速度的大小应该是多少？

6 机械能
Mechanical Energy

我们已学过能量的初步知识，知道了自然界存在着各种不同形式的能量：机械能（动能和势能）、内能、化学能、核能等等。我们还学过功的一些知识，知道了做功的过程就是能量转化的过程。做了多少功，就有多少能量发生了转化。这样，通过做功的多少，就可以定量地研究能量及其各种形式的转化了。本章我们进一步学习有关功的知识，然后讨论动能与势能之间的转化。

第一节 功和功率

Work and power

我们知道，传给一个物体以动量，可用力及其冲量来表征；而传给一个物体以能量，要用什么来表征呢？

1 功
Work

一个物体如果受到力的作用，并在力的方向上发生一段位移，这个力就对物体做了功。

If a force acts on a body and causes a displacement of the body in the direction of the force, the force has done work on the body.

人推车前进，车在推力的作用下发生一段位移，推力就对小车做了功。起重机提货物，货物在钢绳拉力的作用下发生一段位移，拉力就对货物做了功。力和物体在力的方向上发生的位移(displacement in the direction of the force)，是做功的两个不可缺少的因素。

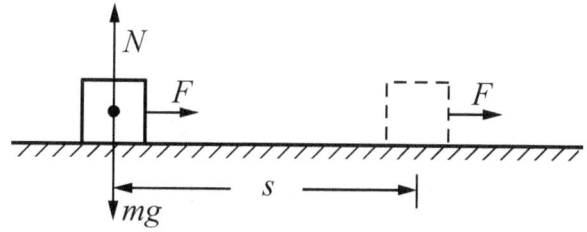

图6-1　力的方向与物体的运动方向一致的情况

　　功的大小是由力的大小以及物体在力的方向上发生位移的大小来决定的(The value of work is related to the value of force and the value of displacement in the direction of the force)。力越大，力方向上的位移越大，所做的功就越大。力学中规定：如果力的方向与物体的运动方向一致，功就等于力的大小与位移大小的乘积(If the force is in the same direction as the body moves, the value of work equals the product of the values of the force and displacement)。如图6-1，用F表示力的大小，s表示位移的大小，W表示F所做的功，则有：

$$W = Fs$$

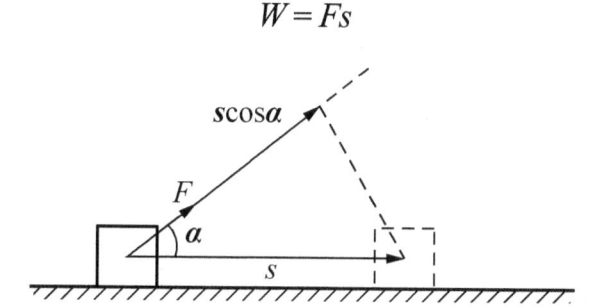

图6-2　力的方向与物体运动方向成某一角度的情况

　　如果力的方向与物体运动方向成某一角度（如图6-2），可以把力分解(decompose)为两个分力：跟位移方向一致的分力(the component force parallel to the direction of the displacement)，以及跟位移方向垂直的分力(the component force perpendicular to the direction of the displacement)。由于在与位移垂直方向上，物体没有发生位移，这个方向的位移为零，则力所做的功就为跟位移方向一致的分力的大小与位移大小的乘积。或者从位移的角度出发，把位移分解为两个分量：一个分量与力的方向一致，另一个分量与力的方向垂直。由于在与力垂直的方向上，作用力为零，所以做功就为位移在力的方向上的分量（即位移在力的方向上的投影(projection)）与力的大小的乘积。此时位移在力的方向上的投影大小

为scosα，则力作的功为

$$W = Fs\cos\alpha$$

当然，如果我们用第一种方法将力分解成两个分量，也同样可以得到这个结果。从上面的公式我们看到如果α = 0°，也就是说力与物体发生的位移的方向一致，此时cosα =1，我们就得到了力的方向与物体的运动方向一致时的公式。总之，力对物体所做的功，等于力的大小、位移的大小、力和位移的夹角的余弦这三者的乘积(The work done by a force on a body is defined as the product of the value of the force, the value of the displacement and the cosine of the angle between the force and the displacement)。

功是一个标量(Work is a scalar quantity)。在国际单位制中，功的单位是焦耳(Joule)，简称焦，符号是J。1J等于1N的力使物体在力的方向上发生1m的位移时所做的功。

$$1J = 1 \text{N·1m} = 1\text{N·m}$$

现在我们讨论一下功的公式。由于功与力和位移的夹角的余弦(cosine)有关，而α的范围是0°~180°，即cosα的范围是 -1~1，也就是说功可能为正，也可能为负。

（1）当α = 90°时，cosα = 0，W = 0。这表示力的方向与位移的方向垂直时，力不做功。例如，物体在水平面上运动时，重力和支持力都与位移方向垂直，这两个力都不做功。

（2）当0<α<90°时，cosα>0，W>0。这表示力做正功。而当90°<α<180°时，cosα<0，W<0。这表示力做负功(negative work)。例如，物体垂直下落时，重力促使物体下落，就对物体做正功，而同时空气对物体的摩擦力阻碍物体下落，对物体做负功(When a body falls, the gravity makes it fall, which does the positive work. But in the same time, the air friction resists the falling of the body, which does the negative work)。一个力对物体做负功，通常我们说成物体克服这个力做了正功(positive work)。这两种说法在意义上是等同的。

【例1】如图所示，F_1和F_2是作用在物体P上的两个水平恒力，大小分别为：F_1=3N，F_2=4N，在这两个力共同作用下，物体P由静止开始沿水平面移动5m距离的过程中，它们对物体各做多少功？它们对物体做功的代数和是多少？F_1、F_2的合力对P做多少功？

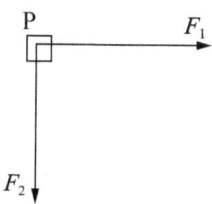

[解] 根据题意，物体在合力方向运动5m，则在F_1方向上，位移的投影为3m；在F_2方向上，位移的投影为4m。运用功的计算公式，有：

F_1所做的功为：$W = Fs = 3 \times 3 = 9J$

F_2所做的功为：$W = Fs = 4 \times 4 = 16J$

F_1与F_2所做的功的代数和为：$W_总 = 9 + 16 = 25J$

根据力的合成法则，我们得到合力为5N。

合力所做的功为：$W_合 = Fs = 5 \times 5 = 25J$

从上面的例题看到，当有多个力作用在物体上使物体发生一段位移时，这几个力所做的总功，等于各个力分别对物体所做功的代数和，也等于这几个力的合力对物体所做的功。

2 功率
Power

力对不同的物体做功，所用的时间也往往不相同。也就是说，做功的快慢并不相同。一台起重机能在1min内把物体提到预定的高度，另一台只需要30s就可以做相同的功，第二台起重机做功比第一台做功快一倍。在物理学中，做功的快慢用功率来表示：

功W与完成这些功所需的时间t的比值叫做功率，用P表示功率。

The ratio of the work to the time cost to complete the work is called power, denoted by P.

$$P = W/t$$

在国际单位制中，功率的单位是<u>瓦特</u>(Watt)，简称瓦，符号是w。1w=1J/s。瓦是个比较小的单位，日常生活中常用千瓦(kw)作功率的单位，1kw＝1000w。功率也可以用力和速度来表示。在力与位移的方向一致的情况下，此时$W = Fs$，把该等式带入上面的功率公式中，就得到$P = Fs/t$，而$v = s/t$，所以：

$$P = Fv$$

这就是说，力的功率等于力与物体运动速度的乘积(The power of a force equals the product of the force and the velocity of the body to which the force is applied)。即使是同一个力对物体做功，在不同时间内做功的功率也可能是不同的。因而，用$P = W/t$求得的功率只能反映t时间内做功的快慢，只具有平均的意义。物体做变速运动时，上式中的v表示在时间t内的平均速度，P表示力F在这段时间t内的平均功率。如果t取得足够小，则上式中的v表示某一时刻的瞬时速度，P表示该时刻的瞬时功率。如果作用于物体上的力F为恒力，且物体以速度v匀速运动，则力对物体做功的功率保持不变。此情况下，任意一段时间内的平均功率与任意时刻的瞬时功率都是相同的。(For a variable motion, v expresses the average velocity during the time t, and P represents the average power during that time. If t is small enough, then v expresses the instantaneous velocity, and P represents the instantaneous power. Considering the constant force and uniform motion, the power of the force will not change. In that case, the average power within any interval equals the instantaneous power at any time.)

【例2】一个质量是1.0kg的物体，从地面上方20m高处开始做自由落体运动，第1s时间内下落的位移是多少？这1s内重力对物体做多少功？第2s内物体下落的位移是多少？这1s内重力对物体做多少功？前1s和后1s重力对物体做功的功率各是多大？这2s时间内重力对物体做功的功率是多大？（g取10m/s²）

　　[解] 根据题意，物体的重力为：$F = mg = 1 \times 10 = 10N$

　　运用自由落体的计算公式，第一秒内下落的位移为：

$s_1 = gt_1^2 / 2 = 10 \times 1/2 = 5m$

　　则此时重力做功为：

$W_{G1} = Fs = 10 \times 5 = 50J$

第二秒内下落的位移为：

$s_2 = gt_2^2/2 - gt_1^2/2 = 10 \times 4/2 - 10 \times 1/2 = 15\text{m}$

则此时重力做功为：

$W_{G2} = Fs = 10 \times 15 = 150\text{J}$

第一秒内重力做功的功率为：

$P_1 = W/t = 50/1 = 50\text{w}$

第二秒内重力做功的功率为：

$P_2 = W/t = 150/1 = 150\text{w}$

两秒内重力做功的总功率为：

$P_t = W_t/t = （50 + 150）/2 = 100\text{w}$

我们可以看到，即使是同一个力对物体做功，在不同时间内做功的功率也可能是有变化的。因而用 $P = W/t$ 求得的功率只能反映 t 时间内做功的快慢，只具有平均的意义。

从公式 $P=Fv$ 可以看出，当速度 v 保持不变时，力 F 与功率 P 成正比 (When the velocity remains constant, the power is directly proportional to the force)；而当力 F 保持不变时，速度 v 与功率 P 成正比(When the force remains constant, the power is directly proportional to the velocity)。

3 功和能
Work and energy

功和能是两个密切联系的物理量。一个物体能够对外做功，我们就说这个物体具有能量(If a body can do work, we say that the body has energy)。例如：流动的河水能够推动水轮机做功，流动的河水具有能量。被压缩的弹簧放开时能够把物体弹开而做功，被压缩的弹簧具有能量。

我们知道，各种不同形式的能量可以相互转化，并且在转化过程中总能量保持不变(As we know, energy of different forms can convert mutually, and the total energy does not change in the conversion)。在这种转化过程中，功扮演着重要角色。举重运动员把重物举起，对重物做了功，重物的重力势能(gravitational potential energy)增加。同时，运动员消耗了体内的化学能，运动员做了多少功，就有多少化学能转化成物体的重力势能。被压缩的弹簧放开时将物体弹开，物体的动能增加。同时，弹簧的<u>弹性势能</u>(elastic potential energy)减少，弹簧对物体做了多少功，就有多少弹性势能转化为物体的动能(kinetic energy)。

所以，做功的过程就是能量转化的过程，做了多少功就有多少能量发生转化。

功是能量转化的量度。
Work is the measurement of energy conversion.

那么功率应该理解为描述做功过程中能量转化快慢的物理量。知道了功和能量之间的这种关系，就可以通过研究做功的多少来定量研究能量之间的转化问题了。

第二节 动能和动能定理

Kinetic energy and theorem of kinetic energy

1 动能
Kinetic energy

我们知道物体由于运动而具有的能量叫做动能。<u>物体的动能与物体的质量和运动速度有关</u>(The kinetic energy of a body is related to the mass and velocity of the body)。动能与质量和速度的定量关系如何呢？我们知道，功与能量密切相关。因此我们可以由做功来研究能量。外力对物体做功使物体运动而具有动能。下面我们就通过这个途径研究一个运动物体的动能是多少。

光滑水平面上一物体原来静止，质量为m，在恒定外力F作用下，物体发生一段位移s，得到速度v（如图6–3），这个过程中外力做功多少？物体获得了多少动能？

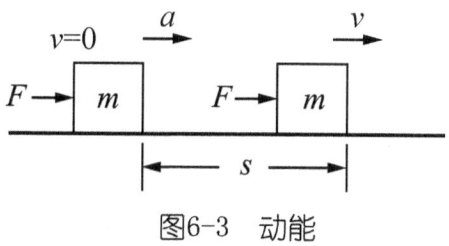

图6-3 动能

外力做功为 $W = Fs = ma \cdot v^2/2a = mv^2/2$。由于外力做功使物体得到动能，这样我们就得到了动能与质量和速度的定量关系：

物体的动能等于它的质量跟它的速度平方的乘积的一半。

The kinetic energy of a body equals the half of the product of the mass and the square of the velocity.

用 E_k 表示动能，则计算动能的公式为：

$$E_k = mv^2/2$$

动能是标量，它的单位与功的单位相同，在国际单位制中都是焦耳。这是因为，$1\text{kg} \cdot \text{m}^2/\text{s}^2 = 1\text{N} \cdot \text{m} = 1\text{J}$。

2 动能定理
Theorem of kinetic energy

将刚才推导动能公式的例子改动一下：假设物体原来就具有速度 v_1，且水平面存在摩擦力 f，在外力 F 作用下，经过一段位移 s，速度达到 v_2，如图6-4，则此过程中，外力做功与动能间又存在什么关系呢？

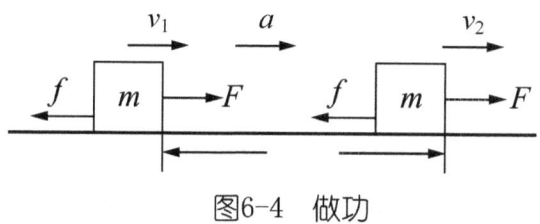

图6-4 做功

外力 F 做功：$W_1 = Fs$

摩擦力 f 做功：$W_2 = -fs$

外力做的总功：$Wt = Fs - fs = ma \cdot (v_2^2 - v_1^2)/2a = mv_2^2/2 - mv_1^2/2 = E_{2k} - E_{1k}$

上式表示，<u>外力所做的功等于动能的变化</u>(The work done by the external force equals the change of kinetic energy)。

当外力做正功时，末动能大于初动能，动能增加；当外力做负功时，末动能小于初动能，动能减少。

When the external force does positive work, the kinetic energy increases by the amount of the work; and when the external force does negative work, the kinetic energy decreases by the amount of the work.

可见，外力对物体做的总功等于物体在这一运动过程中动能的变化量 (The total work done by the external force equals the change of the kinetic energy in the motion)。

其中F与物体运动方向一致，它做的功使物体动能增加；f与物体运动方向相反，它做的功使物体动能减少。它们共同作用的结果，导致了物体动能的变化。

合力所做的功等于物体动能的变化。

The work done by the resultant force on a body equals the change in kinetic energy of the body.

这个结论叫做动能定理。

这里所说的力，既可以是重力、弹力、摩擦力，也可以是任何其他形式的力。

【例3】在水平放置的长直木板槽中，木块以6.0m/s的初速度开始滑动。滑行4.0m后速度减为4.0m/s，若木板槽粗糙程度处处相同，此后木块还可以向前滑行多远？

[解] 根据题意，设木板槽对木块摩擦力为f，木块质量为m，据动能定理有：

$$-fs = E_{2k} - E_{1k} = mv_2^2/2 - mv_1^2/2$$

即：$-4f = (16/2 - 36/2)m = -10m$

由此，我们得出f与m的关系：$f = 5m/2$

因为最后要求的是木块还能滑行多远（末速度$v_3 = 0$），根据要求，我们再列出一个方程：

$$-fs' = E_{3k} - E_{2k} = mv_3^2/2 - mv_2^2/2 = 0 - mv_2^2/2 = -mv_2^2/2$$

即：$fs' = 8m$

那么，代入f与m的关系，$f = 5m/2$，则：

$s' = 16/5 = 3.2m$

木块还能向前滑行3.2 m。

第三节 势能

Potential energy

1 重力势能

Gravity potential energy

物体由于被举高而具有的能量叫做重力势能。重力势能跟物体的质量和高度都有关系(The gravity potential energy of a body is related to its mass and height)。物体的质量越大，高度越大，重力势能就越大。那么应该怎样定量的表示重力势能呢？功是能量变化的量度，重力势能的变化也可用做功表示出来。例如，用一外力把一质量为m的物体匀速举高h，由于是匀速上升，物体的动能不变，外力举高物体做的功$W = Fs = mgh$全部用于增加物体的重力势能。而此过程中物体克服重力做功也为mgh，也就是克服重力做了多少功，就获得了多少重力势能。用E_p表示势能，则处于高度h处的物体的重力势能为：

$$E_p = mgh$$

重力势能等于物体的重量和它的高度的乘积。

The gravity potential energy of a body equals the product of its weight and height.

从重力势能公式的推导可以看出，它与功一样，在国际单位制中的单位也是焦耳，而且也是标量。重力势能是由物体所处的位置状态决定的，所以与动能一样是状态量(Gravity potential energy is decided by the state of a body's position, so it is a quantity of state that is similar to kinetic energy)。

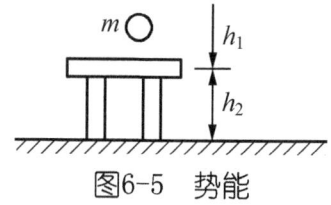

图6-5 势能

例如，根据图6-5，可分别求小球以桌面和地面为参考平面(reference plane)的重力势能。

桌面为参考平面：$E_{p1} = mgh_1$

地面为参考平面：$E_{p2} = mg（h_1+h_2）$

我们说物体具有重力势能，这总是相对于某个水平面来说的。

这个水平面的高度为零，重力势能也为零，这个平面叫做参考平面。

The height of the horizontal plane is zero, and its gravity potential energy is also zero. It is called the reference plane.

选择不同的参考平面，物体的重力势能我们是不同的，但这并不影响我们研究有关重力势能的问题。因为在这类问题中，有确定意义的是重力势能的<u>差值</u>(differential value)，这个差值不会因为选择不同的参考平面而改变。对选定的参考平面，在参考平面上方的物体，高度是正值，重力势能也是正值；在参考平面下方的物体，高度是负值，重力势能也是负值。<u>物体具有负的重力势能，表示物体在该位置具有的重力势能比在参考平面上的重力势能要少</u>(A body with negative gravity potential energy means that the gravity potential energy of the body in that specific position is less than that in the reference plane)。

2 重力做功与重力势能的变化关系

The relation between the work done by the gravity and the change in the gravity potential energy

我们先来看重力做功的特点：<u>重力做功与路径无关，只与物体起点和终点位置的高度差有关</u>(The work done by the gravity is path-independent, and is only related to the difference between the heights of the initial and final positions)。将一个物体向上抛出，我们来分析其上升和下落过程中重力做功与重力势能的变化。（如图6-6）

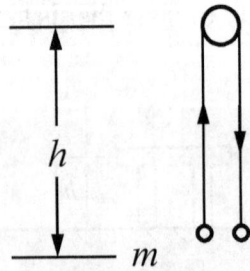

图6-6 重力作功与重力势能的关系

可以看出，上升过程中，重力做功为$-mgh$，重力势能增加mgh；下落过程中，重力做功为mgh，重力势能减少mgh（或称增加$-mgh$）。

　　这样，我们初步下的结论：重力做多少正功，重力势能就减少多少；重力做多少负功（或称克服重力做了多少功），重力势能就增加多少。即重力做功等于重力势能的减少量(When gravity does positive work, the gravity potential energy decreases by the amount of the work)。若用W表示重力做功，E_{p1}表示初态的重力势能，E_{p2}表示末态的重力势能，则上述关系可表达为：$W_G = E_{p1} - E_{p2} = \Delta E_p$。

第四节　机械能守恒定律

Conservation of mechanical energy

1　机械能守恒定律

Conservation of mechanical energy

　　前面我们学习了动能、势能和机械能的知识。在初中学习时我们就了解到，在一定条件下，物体的动能与势能（包括重力势能和弹性势能）可以相互转化，我们来看个例子。

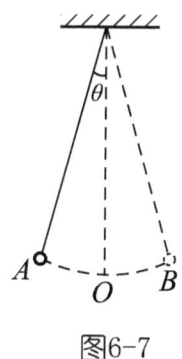

图6-7

　　把小球用细线悬挂起来，把小球拉到一定高度A点，然后放开，小球就摆动起来。小球在摆动中，动能势能相互转化。我们看到，小球可以摆动到跟A点高度相同的B点。如用尺在某以高度挡住，小球虽然不能达到B点，但是也能到达与A点高度相同的位置。小球在A、B点没有速度，随着小球的下落，速度逐渐增大，在最低点，小球的速度达到最大值。之后，随着小球向B点摆动，小球上升，速度逐渐减小。我们看到，<u>物体运动过程中，随动能增大，物体的势能减小；反之，随动能减小，物体的势能增大</u>(During a motion, the kinetic energy increases when the potential energy decreases; and the potential energy increases when the kinetic energy decreases)。

先考虑只有重力对物体做功的理想情况，以自由落体运动为例。

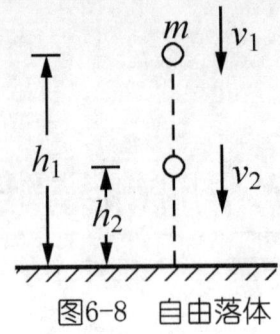

图6-8 自由落体

根据动能定理有：

$$W_G = mv_2^2/2 - mv_1^2/2$$

下落过程中重力对物体做功，<u>重力做功在数值上等于物体重力势能的变化量</u>(The change in gravity potential energy equals the work done by the gravity)。取地面为参考平面，有：

$$W_G = mgh_1 - mgh_2$$

可见，在自由落体运动中，<u>重力做了多少功，就有多少重力势能转化为等量的动能</u>(The conversion value between the kinetic energy and gravity potential energy equals the work done by the gravity)，由以上两式可以得到：

$$mgh_2 + mv_2^2/2 = mgh_1 + mv_1^2/2$$

或者

$$E_{k2} + E_{p2} = E_{k1} + E_{p1}$$

上式表明，在自由落体过程中，只有重力做功，物体的动能和势能之和（即总的机械能）保持不变。进一步定量研究可以证明，在只有弹簧弹力做功条件下，物体的动能与势能可以相互转化，物体的机械能总量也不变。

综上所述，可以得到如下结论：

在只有重力和弹簧弹力对物体做功的情况下，物体的动能和势能可以相互转化，物体机械能总量保持不变。

Under the condition that there is no force other than gravity or elastic force that acts on a body, the kinetic energy and potential energy of the body can convert mutually, and the total mechanical energy of the body doesn't change.

这个结论叫做机械能守恒定律。它是力学中的一条重要定律，是普遍的能量守恒定律的一种特殊情况。

2 机械能守恒定律的应用
Application of conservation of mechanical energy

解决某些力学问题可从能量的观点来分析，应用机械能守恒定律来求解。应用机械能守恒定律解决力学问题，要分析物体的受力情况。在动能和重力势能相互转化中，如果只有重力做功，就可以应用机械能守恒定律来求解。

【例4】在距离地面20m高处以15m/s的初速度水平抛出一小球，不计空气阻力，取$g=10\text{m/s}^2$，求小球落地速度大小。

[分析]（1）小球下落过程中，只有重力对小球做功，满足机械能守恒条件，可以用机械能守恒定律求解；（2）应用机械能守恒定律时，应明确所选取的运动过程，明确初、末状态小球所具有的机械能。

[解]以地面为参考平面，抛出时小球具有的重力势能$E_{p1}=mgh$，动能为$E_{k1}=mv_1^2/2$；落地时，小球具有重力势能$E_{p1}=0$，动能为$E_{k1}=mv_2^2/2$。根据机械能守恒定律，有：

$$E_{k2}+E_{p2}=E_{k1}+E_{p1}$$

即$mv_2^2/2 = mgh + mv_1^2/2$

落地时小球的速度大小为：

$$v_2=（v_1^2+2gh）/2 =（225+2\times10\times20）/2 = 25\text{m/s}$$

【例5】小球沿光滑的斜轨道由静止开始滑下，并进入在竖直平面内的离心轨道运动，如图所示，为保持小球能够通过离心轨道最高点而不落下来，求小球至少应从多高处开始滑下。已知离心圆轨道半径为R，不计各处摩擦。

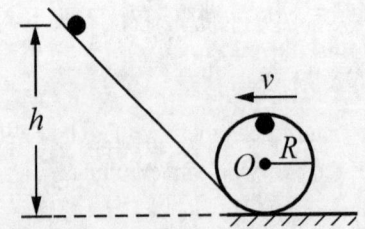

[分析]（1）小球能够通过圆轨道最高点，要求小球在最高点具有一定速度，即此时小球运动所需要的向心力，恰好等于小球所受重力；（2）运动中小球的机械能守恒；（3）选小球开始下滑为初状态，通过离心轨道最高点为末状态，研究小球这一运动过程。

[解]取离心轨道最低点所在平面为参考平面，开始时小球具有的机械能$E_1=mgh$。通过离心轨道最高点时，小球速度为v，此时小球的机械能$E_2=mv^2/2+mg（2R）$。根据机械能守恒定律得：

$$E_1=E_2$$

$$mgh=mv^2/2+mg（2R）$$

小球能够通过离心轨道最高点，重力提供向心力，需满足$mg≤mv^2/R$。

代入上式得：　　　　　　　　$h≥5R/2$

【例6】长$l=80cm$的细绳上端固定，下端系一个质量$m=100g$的小球，将小球拉起至细绳与竖直方向成60°角的位置，然后无初速释放。不计各处阻力，求小球通过最低点时，细绳对小球拉力多大。取$g=10m/s^2$。

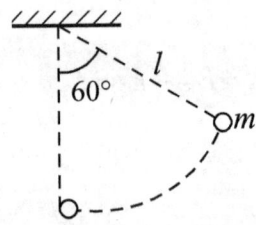

[分析]（1）小球做圆周运动，通过最低点时，绳的拉力大于小球的重力，此二力的合力等于小球在最低点时所需向心力；（2）绳对小球的拉力不对小球做功，运动中只有重力对球做功，小球机械能守恒。

[解]小球运动过程中，重力势能的变化量$\Delta E_p=mgh=mgl（1-\cos60°）$，此过程中动能变化量$\Delta E_k=mv^2/2$。机械能守恒，也即为动能变

化量等于势能变化量（机械能守恒定律也可表示为$\Delta E_p = \Delta E_k$），即：

$$mgl（1-\cos 60°）=mv^2/2$$

整理得：

$$mv^2/l = 2mg（1-\cos 60°）$$

根据圆周运动规律，在最低点时，$T-mg = mv^2/l$。在最低点时，绳对小球的拉力大小为：

$T = mv^2/l + mg = 2mg（1-\cos 60°）+ mg = 2mg = 2 \times 0.1 \times 10 = 2N$

复习题

1. 下列说法正确的是（　　）

   A. 一个物体动量变化，动能一定变化

   B. 一个物体动能变化，动量一定变化

   C. 两个物体相互作用，它们的动量变化相同

   D. 两个物体相互作用，它们的总动能守恒

2. 物体在斜面上做加速运动时，下列说法哪个正确（　　）

   A. 它的动能一定增大，重力势能也一定增大

   B. 它的动能一定增大，重力势能一定减小

   C. 它的动能一定增大，重力势能一定发生变化

   D. 如果加速度逐渐减小，则物体的动能也逐渐减小

3. 在光滑水平面上推物块和在粗糙水平面上推物块相比，如果所用的水平推力相同，物块在推力作用下通过的位移相同，则推力对物块所做的功（　　）

   A. 一样大

   B. 在光滑水平面上推力所做的功较多

   C. 在粗糙水平面上推力所做的功较多

   D. 要由物块通过这段位移的时间决定

4. 竖直向上抛出一个物体，由于受到空气阻力作用，物体落回抛出点的速率小于抛出时的速率，则在这个过程中（　　）

   A. 物体的机械能守恒

   B. 物体的机械能不守恒

   C. 物体上升时机械能减小，下降时机械能增大

   D. 物体上升时机械能增大，下降时机械能减小

5. 一个质量m为2kg的物块，从高度h=5m、长度l=10m的光滑斜面的顶端A由静止开始下滑，物块滑到斜面底端B时速度的大小是（　　）（空气阻力不计，g取10m/s²）

   A. 10m/s　　　B. $\sqrt{10}$ m/s　　　C. 100m/s　　　D. 200m/s

6. 如图所示，在水平桌面上的A点有一个质量为m的物体以初速度v_0被抛出，不计空气阻力，当它到达B点时，其动能为（　　）

   A．$\frac{1}{2}mv_0^2+mgH$　　　　B．$\frac{1}{2}mv_0^2+mgH$

   C．$mgH-mgh$　　　　D．$\frac{1}{2}mv_0^2+mg(H-h)$

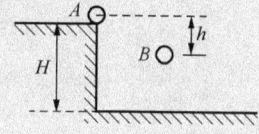

7. 用50N的水平拉力F拉着一个质量为10kg的物体在水平面上前进了10m，物体与水平面间的滑动摩擦系数μ=0.1，则拉力F做的功多少？重力G做的功多少？物体克服摩擦阻力做的功多少？

8. 一颗子弹以700m/s的水平速度打穿第一块固定木板后，速度减为500m/s；若穿过第一块木板后让它继续打穿第二块同样的木块（子弹所受阻力与前者相同），则子弹的速度变为多少？

9. 一粒子弹以速度v_0垂直射穿一块木板，射出时速度减为原来的3/4，则子弹穿过木板时克服阻力做的功是多少？这粒子弹能射穿几块这样相同的木板？

10. 长为1m的轻绳，上端固定在O点，下端连一质量为0.5kg的小球。若小球在竖直平面内摆动过程中，轻绳偏离竖直线的最大角度为60⁰，g取10m/s²，求：

    （1）小球在最低点时的速度多大？

    （2）小球经过最低点时绳的张力是多大？

    （3）为使小球能在竖直平面内做完整的圆周运动，小球在最低点的速度应满足什么条件？

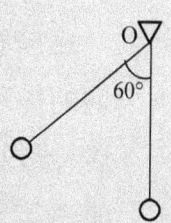

7 机械振动和机械波
Mechanical Oscillations and Waves

前面我们学习了在恒力作用下的匀变速直线运动和平抛运动，又学习了在大小不变而方向改变的向心力作用下的匀速圆周运动，现在来学习在大小和方向都改变的回复力(restoring force)作用下的运动——机械振动(mechanical oscillation)。

第一节　简谐运动
Simple harmonic motion

1 简谐运动
Simple harmonic motion

在弹簧下挂一个小球，等待小球静止，拉一下小球，它就以原来的平衡位置为中心，上下作往复运动。

物体在平衡位置附近所作的往复运动，叫做机械振动，通常简称为振动。

If in a periodic motion a body or a system moves back and forth over the same path, its motion is called an oscillation or vibration.

振动现象在自然界中是广泛存在的，钟摆的摆动，树梢在微风中的摇摆，这些都是振动；一切发声的物体都在振动；地震时发生在我们脚下大地的振动。

这种最基本的振动运动就是简谐运动。

简谐运动是一种最简单、最基本的振动，我们以弹簧振子(spring-mass oscillator)为例学习简谐运动。

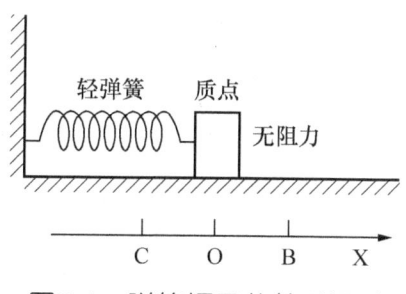

图7-1 弹簧振子的简谐运动

如图，弹簧一端固定，另一端连一个物体，在光滑水平面上运动，这样的系统称为弹簧振子，其中的物体称为振子(oscillator)。振子静止在O点时，弹簧没有发生形变，对振子弹簧没有作用力，O点是振子的平衡位置，把振子拉到平衡位置右方的B点，然后放开。振子以O点为中心，在光滑水平面上做往复运动。振子由B点开始运动，经过O点运动到C点，由C点在经过O点回到B点，且OB与OC相等。此后振子不停地重复这种往复运动。

我们来分析一下振子的受力情况。振子在运动过程中，所受重力与支持力平衡，对振子运动没有影响。影响振子运动的只有弹簧的弹力，这个力的方向与振子偏离平衡位置的位移方向相反，总是指向平衡位置(The only influence on the oscillator is from the elastic force of the spring, whose direction is opposite to the direction of the oscillator's displacement and directs to the equilibrium position)。它的作用是使振子回到平衡位置，所以叫做回复力。

回复力是根据力的效果命名的，对于弹簧振子，它是弹力。回复力可以是弹力，或其他形式的力，或几个力的合力，或某个力的分力。在O点，回复力是零，叫振动的平衡位置(equilibrium position)。

根据胡克定律，我们知道弹簧振子的回复力F跟振子偏离平衡位置的位移x成正比(From Hooke's law, we know that the restoring force of a spring-mass oscillator is proportional to the displacement of the oscillator)，即：

$$F=-kx$$

公式中的负号表示弹簧振子的回复力方向跟振子偏离平衡位置的位移方向相反(The negative sign means that the direction of the restoring force is opposite to the direction of the displacement)。

物体在跟偏离平衡位置的位移大小成正比，并且在总指向平衡位置的回复力的作用下的振动，叫做简谐运动。简谐运动是一种变加速运动(The simple harmonic motion is a variable accelerated motion)。

根据牛顿第二定律可知，做简谐运动的物体的加速度跟物体偏离平衡位置的位移大小成正比，方向与位移成反比，总指向平衡位置。

2　振幅、周期和频率
Amplitude, period and frequency

各种不同的机械运动都需要用位移、速度、加速度等物理量来描述。但是不同的运动具有不同的特点，需要引入不同的物理量来描述这种特点。描述简谐运动也需要引入新的物理量，这就是振幅、周期和频率。

振动物体总在一定范围内运动的。如图7–1中的振子在B点和C点之间运动，振子离开平衡位置的最大位移为OB或OC。

振动物体离开平衡位置的最大距离，叫做振动的振幅。
The maximum distance that the oscillating object moves away from the equilibrium position is called the amplitude of oscillation.

振幅是表示振动强弱的物理量。

简谐运动具有周期性。在图7–1中，如果振子由B点开始运动，经过O点运动到C点，在经过O点回到B点，我们就说它完成了一次全振动(complete oscillation)。振子完成一次全振动所需要的时间是相同的。做简谐运动的物体完成一次全振动所需要的时间，叫做振动的周期。单位时间内完成全振动的次数，叫做振动的频率。

周期和频率都是表示振动快慢的物理量。周期越短，频率越大，表示振动越快。用T表示周期，f表示频率，则有

$$f = 1/T$$

在国际单位制中，周期的单位是秒，频率的单位是赫兹(Hertz)，简称赫，符号是Hz。$1Hz = 1s^{-1}$。

【例1】甲、乙两个弹簧振子，甲完成了12次全振动，在相同时间内，乙恰好完成了8次全振动，求甲、乙振动周期之比和甲、乙振动频率之比。

［解］设完成12次全振动所用时间为t，依题意可知，甲、乙周期为：

$T_甲 = t/12$，$T_乙 = t/8$

其周期之比为：

$T_甲 : T_乙 = t/12 : t/8 = 2 : 3$

由于频率是周期的倒数，所以频率之比为

$f_甲 : f_乙 = 3 : 2$

3 简谐运动的振动图像
Graph of oscillation for the simple harmonic motion

物体运动的位移和时间的关系，可以用公式表示，也可以用<u>图像</u>(graph)表示。在匀速直线运动中，设开始的时候位移为零，则运动公式为$s = vt$，运动的位移图像是过原点的一条直线；在初始速度为零的匀变速直线运动中，设开始的时候位移为零。则运动公式是$s = at^2/2$，运动的位移图像是过原点的抛物线。简谐运动的位移与时间的关系，也可以用公式来表示，但较为复杂，所以我们先来研究简谐运动的图像。

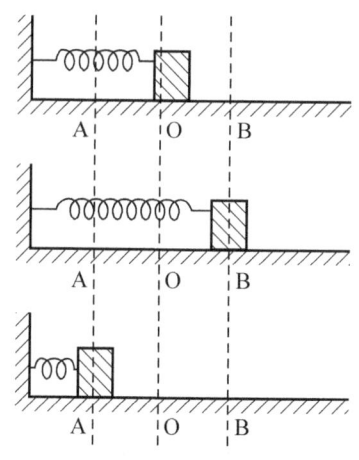

图7-2　弹簧振子的运动

图7-2是一个弹簧振子的运动情况。甲图是振子静止在平衡位置时的照片；乙图是振子拉伸到右侧距平衡位置最大处；丙图是振子拉伸到右侧距平衡位置最大处。简谐运动是以平衡位置为中心的往复运动，它的位移是指对平衡位置的位移。在图7-2中，<u>取水平向右的方向为位移正方</u>

向(We choose the dextral direction as the positive direction)，则振子在平衡位置右方的位移为正值，在左方则取负值。

以纵轴(vertical axis)表示位移x，横轴(horizontal axis)表示时间t，可以用余弦曲线(cosine curve)来表示弹簧振子的运动。

简谐运动的时间—位移图像通常称为振动图像(The *x-t* graph of simple harmonic motion is called graph of oscillation)，也叫振动曲线。理论和实验都证明，所有简谐运动的振动图像都是正弦(sine)或余弦曲线。

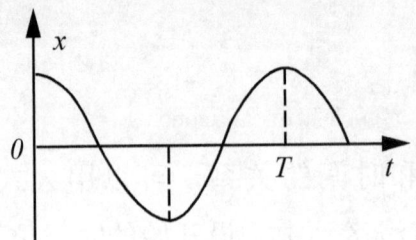

图7-3 振动图像

振动图像表示出振子的位移随时间变化的规律(The graph of oscillation shows how the displacement of the oscillator changes with time)，它可以告诉我们振子在任意时刻对平衡位置的位移，还可以表示出振动的振幅和周期。所以认识振动图像对于学习简谐运动是十分有益的。

第二节　单摆

Simple pendulum

上节我们学习了弹簧振子，了解了简谐运动和振动周期。日常生活中，我们常常见到钟表店里摆钟摆锤的振动，这种振动有什么特点呢？它是根据什么原理制成的？钟摆类似于物理上的一种理想模型——单摆。本节我们分析一下单摆，来回答以上的问题。

单摆
Simple pendulum

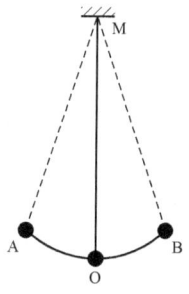

图7-4 单摆

在图7-4中，如果悬挂小球的细线的伸缩和质量可以忽略，线长又比小球的直径大得多，这样的装置就叫单摆。<u>单摆是实际摆的理想物理模型</u>(The simple pendulum is the ideal model for actual pendulum)。

摆球静止在O点时，悬线竖直下垂，摆球所受重力G与悬线拉力F'平衡，O点是单摆的平衡位置。拉开摆球，使它离开平衡位置，然后放开。此时，重力与拉力不再平衡，在这两个力的共同作用下，摆球将沿着以平衡位置O为中点的一段圆弧AA'之间做往复运动。这就是单摆的振动。

在研究摆球运动时，可以不考虑与摆球运动方向垂直的力，而只考虑沿摆球运动方向的力。当摆球运动到任意点P时，重力沿圆弧切线方向的分力$G_1=mg\sin\theta$，正是这个力提供了使摆球振动的回复力$F=G_1=mg\sin\theta$，在偏角θ很小时，$\sin\theta\approx\theta\approx x/l$，所以单摆的回复力为：

$$F = -mgx/l$$

其中l是单摆的<u>摆长</u>(pendulum length)，x为摆球偏离平衡位置的位移，负号表示回复力的方向与位移方向相反。由于m、g、l都有确定的数值，因此可以用一个常数来代替mg/l，那么上面的公式可以表示为：

$$F = -kx$$

<u>可见在偏角很小的情况下，回复力与摆球偏离平衡位置的位移成正比，且方向与位移方向相反，</u>此时单摆做简谐运动(When the offset angle is small enough, the restoring force is proportional to the displacement, and the direction of the restoring force directs to the equilibrium position. In that case, the pendulum moves in simple harmonic motion)。

2 单摆的周期
Period of a simple pendulum

要研究周期和振幅有没有关系，其他条件就应不变。取一个摆长约为1m的单摆，在偏角很小的情况下，测出它摆动一定次数（如50次）所用的时间，算出单摆的周期。在偏角更小的情况下，同样测出单摆的周期。可以发现，两次测出的周期是相等的。结果表明单摆的周期跟振幅无关，这种性质叫做单摆的等时性(The result indicates that the period is amplitude-independent, which is called the isochronism of the simple pendulum)。

取摆长不同的两个单摆，分别测出它们的周期，可发现摆长越长，周期越大。用大小相同、质量不同的两个小球作为摆球，测出单摆周期，可发现单摆周期与摆球质量无关(For pendulums of different lengths, the result shows that the period is larger with the longer pendulum. Pendulums of different mass have the same period, which reveals that the period is mass-independent)。

荷兰物理学家惠更斯(Christiaan Huygens, 1629~1695)研究了单摆的振动，发现单摆做简谐运动的周期跟摆长l的二次方程根正比，跟重力加速度g的二次方根成反比，跟振幅、摆球的质量无关(If a pendulum moves in simple harmonic motion, its period is proportional to the square root of its length, is reciprocal to the square root of the acceleration of gravity, and is independent of amplitude and mass)。并确定了如下的单摆周期公式：

$$t = 2\pi \sqrt{\frac{l}{g}}$$

我们知道，重力加速度在各个地方是不同的。单摆的周期和摆长容易用实验测量出来，这样我们就可以根据单摆周期公式计算出各个地点的重力加速度了。

【例2】甲乙两个单摆，甲的摆长是乙的摆长的4倍，乙摆球质量是甲球质量的2倍。在甲振动5次的时间内，乙摆球振动____次。

[分析]此题考查的是周期的影响因素。已知摆长和质量比例关系，但由周期公式和前面所做演示实验可知，周期与质量无关，甲的摆长是乙的摆长的4倍，那么甲的周期就是乙的周期的2倍，频率是1/2，所以甲振动5次，同时乙振动10次。

第三节　机械波

Mechanical waves

我们试着将一个小石头丢进平静的水面，会激起一圈圈起伏不平的水波向周围传播，这样我们接触到一种广泛存在的运动形式——波动(wave)。

声波传给我们，使我们听到声音。远处发生地震，激起的地震波传来后，会引起地面的振动。水波、声波和地震波都是机械波。

1　机械波

Mechanical waves

我们学习过的机械振动是描述单个质点的运动形式，这一节我们来学习由大量质点构成的弹性媒质的整体的一种运动形式——机械波。

水波是在水中传播的，声波通常是在空气中传播的，地震波是在地壳中传播的。水、空气和地壳等借以传播波的物质，叫做介质(medium)。

机械振动在介质中传播，形成机械波。
A mechanical wave is the propagation of oscillations in a medium.

机械波产生当然会需要振源，产生机械振动的物质，如在绳波中的手，不停抖动就是振源。所以振源和介质是机械波产生的条件(A vibrating source and a medium are the essential factors for the mechanical waves)。

介质中有机械波传播时，介质中的点并不随波一起传播(When a mechanical wave propagates in a medium, the points in the medium do not propagate with the wave)。例如绳上或弹簧上有波传播时，它们各部分的质点发生振动，但并不随波而迁移，传播的只是振动这种运动形式。

　　介质中本来静止的点，随着波的传播而发生振动，这表示质点获得了能量，这个能量是振源通过前面的质点依次传来的，所以波在传播振动这种运动形式的同时，也将振源的能量传递出去，<u>波是能量传递的一种方式</u>(Waves are one way for energy transmission)。

　　我们来看看机械波的形成过程。把介质看成由无数个质点弹性连接而成，可以想象为图7-5所示。

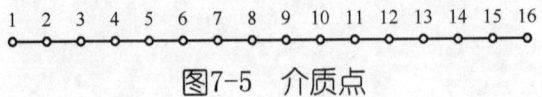

图7-5　介质点

　　由于相邻质点的力的作用，当介质中某一质点发生振动时，就会带动周围的质点振动起来，从而使振动向远处传播。例如：

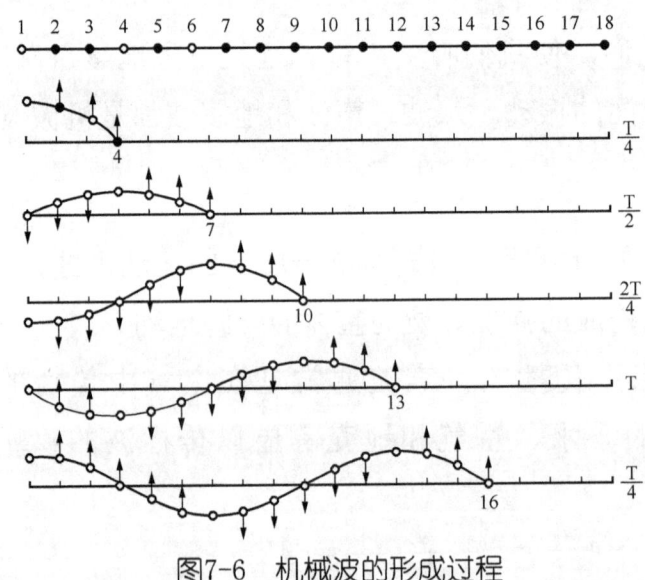

图7-6　机械波的形成过程

　　图7-6表示绳上一列波的形成过程。图中1到18个小点代表绳上的一排质点，质点间有弹力联系着。图中的第一行表示在开始时刻（$t=0$）各质点的位置，这时所有质点都处在平衡位置。其中第一个质点受到外力作用将开始在垂直方向上做简谐运动，设振动周期为T，则第二行表示经过$T/4$时各质点的位置，这时质点1已达到最大位移，正开始向下运动；质点2的振动较质点1落后一些，仍向上运动；质点3更落后一些，此时振

动刚传到了质点4。第三行表示经过T/2时各质点的位置，这时质点1又回到平衡位置，并继续向下运动，质点4刚到达最大位移处，此时振动传到了质点7。依次推论，第四、五、六行分别表示了经过3T/4、T和5T/4后的各质点的位置，并分别显示了各个对应时刻所有质点所排列成的波形。

2 横波和纵波
Transverse and longitudinal waves

在图7–5所示的波中，质点上下振动，波向右传播，二者的方向是垂直的。

质点的振动方向与波传播方向垂直的波，叫做横波。

A wave in which the direction of the oscillations of the particles is at right angles to the propagation direction is called a transverse wave.

在横波中，凸起的最高处叫做<u>波峰</u>(crests)，凹下的最低处叫做<u>波谷</u>(troughs)。

现在我们来看另一种波。在光滑的水平桌面上，放一根长而软的螺旋弹簧，用手拉住弹簧的左端，有规律地左右振动，可以看到弹簧上产生密集的部分和稀疏的部分。这种密集部分和稀疏部分相间的自左向右传播，在弹簧上形成一列波。

我们可以把弹簧看做一列由弹力联系着的质点。手拉弹簧左右振动起来以后，以此带动后面的点左右振动，但后一个质点总比前一个质点迟一些振动，从整体上看形成疏密相间的波在弹簧上传播。（如图7–7）

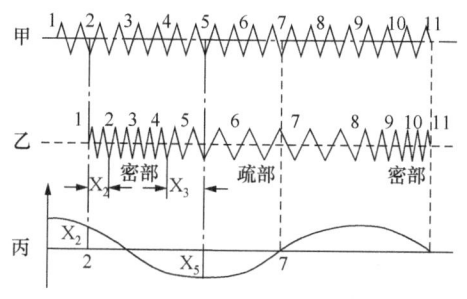

图7–7 波在弹簧上传播

在图7–7所示的波中，质点左右振动，波向右传播，二者的方向在同一直线上。

质点的振动方向跟波传播方向在同一直线上的波，叫做纵波。

A wave in which the particles in the medium vibrate in the direction of the propagation is called a longitudinal wave.

在纵波中，质点分布最密的地方叫密部(condensations)，质点分布最疏的地方叫疏部(rarefactions)。

发声体振动形成的在空气中传播的声波是纵波。前面说过的水波、绳波都是横波，而地震时产生的地震波则既有横波又有纵波。

3 波的图像
Graph of a wave

机械波是机械振动在介质里的传播过程(Mechanical wave is the propagation of oscillation in a medium)。从波源开始，随着波的传播，介质中的大量质点先后开始振动起来，虽然这些质点只在平衡位置附近做重复波源的振动，但由于它们振动步调不一致，所以，在某一时刻介质中各质点对平衡位置的位移各不相同。为了从总体上形象地描绘出波的运动情况，物理学中采用了波的图像。

用横坐标x表示在波的传播方向上各质点的平衡位置与参考点的距离，纵坐标y表示某一时刻各质点偏离平衡位置的位移，并规定在横波中位移的方向向上时为正值，位移的方向向下时为负值。在坐标xOy的平面上，画出各个质点的平衡位置与该质点偏离平衡位置的位移(x, y)，用光滑曲线将这些点连接起来，就得到某一时刻的波的图像。波的图像又叫波形图。由于纵波的图像较为复杂，本书不作深入讨论。这里我们只讨论横波的图像。

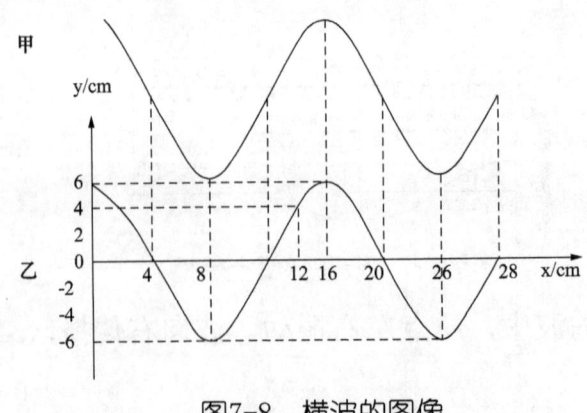

图7-8　横波的图像

我们来看看波的图像的物理意义。

波的图像表示介质中各质点在某一时刻（同一时刻）偏离平衡位置的位移的空间分布情况(The graph of a wave shows the spatial distribution of the displacement of every point in a medium at a certain instant of time)。在不同时刻质点振动的位移不同，波形也随之改变，不同时刻的波形曲线是不同的。波以一定的速率在介质中传播，单位时间内某一波峰或波谷向前移动的距离等于波速(The wave propagates in the medium at a certain speed, which equals the distance moved by a crest or a trough per unit time)。从某一时刻波的图像可以推知任一时刻波的图像，例如知道某一时刻t的波的图像，使波的图像沿着波的传播方向移动，$\Delta x = v\Delta t$，就得到$t + \Delta t$时刻波的图像。图7-9表示经过Δt时间后的波的形状和各质点的位移。

从某种意义上讲，波的图像可以看做是"位移对空间的展开图"，即波的图像具有空间的周期性(The graph of a wave shows spatial periodicity)；同时每经过一个周期波就向前传播一个波长的距离，虽然不同时刻波的形状不同，但每隔一个周期又恢复原来的形状，所以波在时间上也具有周期性。

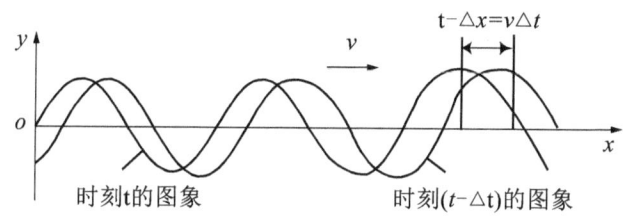

图7-9　波形曲线

图7-9所示的波形曲线是正弦曲线，它所表示的波叫做简谐波(simple harmonic wave)。振源作简谐运动的时候，所形成的波就是简谐波(If the vibrating source moves in simple harmonic motion, the mechanical wave produced is a simple harmonic wave)。简谐波是一种最简单、最基本的波，其他的波可以看成是由若干简谐波合成的。

【例3】一列简谐横波在x轴上传播，如图所示的实线和虚线分别为t_1和t_2两个时刻的波的图像，已知波速为16m/s。

（1）如果波是向右传播的，时间间隔（t_2-t_1）是多少？

（2）如果波是向左传播的，时间间隔（t_2-t_1）是多少？

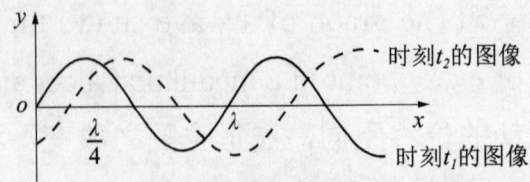

[解]（1）从波形上看，t_2时刻的虚线波形在t_1时刻的实线波形的右侧1/4波长处，在考虑到波传播的周期性，所以时间间隔（t_2-t_1）是（$n+1/4$）T。

（2）同理，从波形上看，t_2时刻的虚线波形在t_1时刻的实线波形的左侧1/4波长处，在考虑到波传播的周期性，所以时间间隔（t_2-t_1）是（$n+1/4$）T。

【例4】如图所示为一列简谐波在某一时刻的波的图像，求：

（1）该波的振幅和波长。

（2）已知波向右传播，说明A、B、C、D质点的振动方向。

（3）画出经过$T/4$后的波的图像。

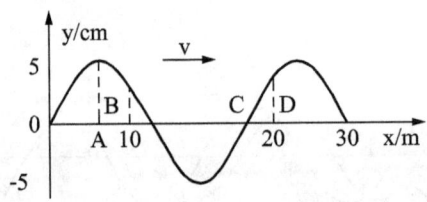

[解]（1）振幅是质点偏离平衡位置的最大位移，波长是两个相邻峰峰或谷谷之间的距离，所以振幅$A=5$cm，波长$\lambda=20$cm。

（2）根据波的传播方向和波的形成过程，可以知道质点B开始的时间比它左边的质点A要滞后一些，质点A已到达正向最大位移处，所以质点B此时刻的运动方向是向上的，同理可判断出C、D质点的运动方向是向下的。

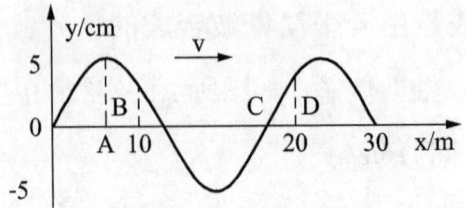

（3）由于波是向右传播的，由此时刻经$T/4$后波的图像，即为此时刻的波形沿波的传播方向推进$\lambda/4$的波的图像，如图所示。

第四节　波长、频率和波速

Wavelength, frequency and wave speed

图7-6中，由质点1发出的振动传到质点13，使质点13开始振动时，质点1完成一次全振动，因而这两个质点的步调完全一致，也就是说，这两个质点在振动中的任何时刻，对平衡位置的位移大小和方向总是相等的。同样，质点2和14，3和15在振动中的任何时刻，对平衡位置的位移大小和方向总是相等的。

在波动中，对平衡位置的位移总是相等的两个相邻质点之间的距离，叫做波长(In a wave, the distance between two adjacent points that have the same displacement is called wavelength)。波长通常用λ表示。（如图7-9）

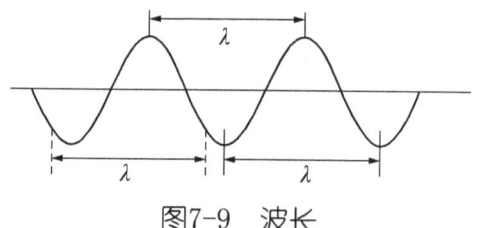

图7-9　波长

在横波中波长等于相邻两个波峰或波谷之间的距离；在纵波中波长等于相邻两个密部或疏部的中央之间的距离。

在波动中，各个质点的振动周期（或频率）是相同的，它们都等于振源的振动周期（或频率），这个振动周期（或频率）也叫波的周期（或频率）。在图7-6中，由质点1发出的振动，经过一个周期传到质点13，也就是说经过一个周期T，振动在介质中传播的距离等于一个波长λ，所以波速为：

$$v = \lambda/T$$

而周期T和频率f互为倒数（即$f = 1/T$），所以上式可以写成

$$v = \lambda f$$

此公式表示：<u>波速等于波长和频率的乘积</u>(Wave speed equals the product of wavelength and frequency)。这个关系虽然是从机械波中得到的，但是它对于我们今后要学的电磁波、光波也是同样适用的。机械波在介质中传播的波速由介质本身的性质决定，在不同的介质中，波速是不同的。

【例5】下图是一列简谐波在某一时刻的波形图线。虚线是0.2s后它的波形图线。这列波可能的传播速度是多大？

[解] 由于波的传播方向未给定，所以必须分别讨论波向右传播和向左传播两种情况，又由于周期（或频率）未给定，要注意时间的周期性，用通式表示一段时间t。

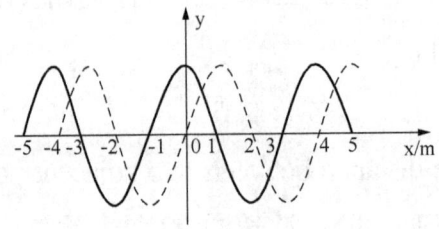

由图线可直接读出波长λ =4m。

当波向右传播时，$0.2 = (n+1/4)T$，周期T为：$T = 0.2/(n + 1/4)$s

则波速为：$v = \lambda/T = 4(n+1/4)/0.2 = 5(4n+1)$ m/s, $n = 0, 1, 2, 3\cdots$

当波向左传播时，$0.2 = (n + 3/4)T$，周期T为：$T = 0.2/(n + 3/4)$s

则波速为：$v = \lambda/T = 4(n+3/4)/0.2 = 5(4n+3)$ m/s, $n = 0, 1, 2, 3\cdots$

此题还有另一种解法。因为波具有空间周期性，当波向右传播时，在0.2s内，传播的距离应为：

$$s = (n + 1/4)\lambda$$

则传播速度为：

$$v = s/t = (n+1/4) \times 4/0.2 = 5(4n + 1) \text{m/s}, n = 0, 1, 2, 3\cdots$$

当波向左传播时，在0.2s内，传播的距离为：

$$s = (n + 3/4)\lambda$$

则传播速度为：

$$v = s/t = (n + 3/4) \times 4/0.2 = 5(4n + 3) \text{m/s}, \ n = 0, 1, 2, 3\cdots$$

可以看出，用后一种解法更好，更直观。无论怎么解，关键是波具有周期性，波可能向两个方向传播，这是讨论波的问题时最重要的两点。

○ 复习题

1. 弹簧振子在做简谐振动的过程中，振子通过平衡位置时（　　）

    A. 速度值最大　　　　　B. 回复力的值最大

    C. 加速度值最大　　　　D. 位移最大

2. 一质点做简谐振动，当位移为正的最大值时，质点的（　　）

    A. 速度为正的最大值，加速度为零；

    B. 速度为负的最大值，加速度为零；

    C. 速度为零，加速度为正的最大值；

    D. 速度为零，加速度为负的最大值.

3. 做简谐振动的质点每次经过同一位置时，不相同的物理量是（　　）

    A. 速度　　B. 位移　　C. 动能　　D. 加速度

4. 一列沿x轴正方传播的波，波速为6米/秒，振幅为2厘米，在某一时刻距波源5厘米的A点运动到负最大位移时，距波源8厘米的B点恰在平衡位置且向上运动。可知该波的波长λ、频率f分别为（　　）

    A. $\lambda=12$厘米，$f=50$赫兹

    B. $\lambda=4$厘米，$f=150$赫兹

    C. $\lambda=12$厘米，$f=150$赫兹

    D. $\lambda=4$厘米，$f=50$赫兹

5. 如图所示，是某质点的振动图像，从图中可知（　　）

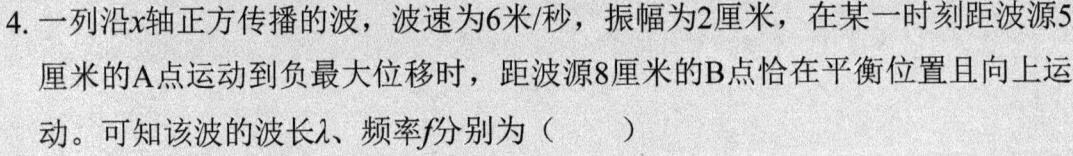

    A. $t=0$时，质点的位移为零，速度为零，加速度为零

    B. $t=1$时，质点的位移为5厘米，速度和加速度都最大

    C. $t=2$秒时，质点的位移为零，速度最大，方向沿$-x$轴方向，加速度为零

    D. 质点的振幅是5厘米，振动周期是2秒

6. 做简谐振动的物体的位移和时间关系曲线如图所示，由此可知$t = 4$s时，质点的运动情况为（ ）

    A. 速度为正的最大值，加速度为零

    B. 速度为负的最大值，加速度为零

    C. 加速度为正的最大值，速度为零

    D. 加速度为负的最大值，速度为零

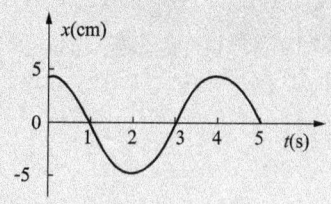

7. 关于单摆的运动，下列说法中正确的是（ ）

    A. 单摆摆动过程中，摆线的拉力和摆锤重力的合力为回复力

    B. 当摆锤通过平衡位置时，它所受合力为零

    C. 当摆锤摆动到最大位移处时，它所受合力为零

    D. 单摆摆动过程中，摆锤所受重力沿轨迹切线方向的分量为回复力

8. 在某一地方要使单摆的振动周期减小，可以采取的方法是（ ）

    A. 减小摆球的质量   B. 减小单摆的振动的振幅

    C. 缩短单摆的摆长   D. 增大单摆的摆长

9. 在空气中摆动的单摆，摆动的幅度越来越小，下列说法正确的是（ ）

    A. 单摆的机械能守恒

    B. 单摆的能量正在消失

    C. 单摆只有动能和势能的相互转化

    D. 单摆的机械能转化为内能

10. 一个单摆，如果它的摆长增加1.25米，它的周期将变为原来的1.5倍。求这个单摆原来的摆长是多少。

11. 下图是一列简谐波在$t = 0$时的波动图象，波速为2米/秒，求从$t = 0$到$t = 2.5$秒的时间内，质点M通过的路程是多大，位移是多大。

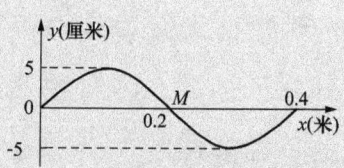

8 分子运动理论
Kinetic Molecular Theory

从本章开始，我们来学习热学(thermology)。热学是物理学的一个组成部分，它研究的是热现象(thermal phenomena)的规律。描述热现象的一个基本概念是温度(temperature)。凡是跟温度有关的现象都叫做热现象。分子动理论是从物质微观结构的观点来研究热现象的理论。它的基本内容是：物体是由大量分子组成的(A substance is constituted by a great deal of molecules)；分子永不停息地做无规则运动(Molecules move chaotically and eternally)；分子间存在着相互作用力(There exists force between molecules)。分子无规则的运动叫做分子热运动(molecular thermal motion)。分子的热运动和分子间相互作用力决定了物体的热学性质。

第一节　分子热运动

Molecular thermal motion

1 分子的大小
Size of a molecule

自古以来，人们就不断探索物质组成的秘密。两千多年以前，古希腊著名思想家德谟克利特(Democritus, 470~380 B.C.)说过，万物都是由极小的微粒构成的，并把这种微粒叫做原子(atom)。

科学技术发展到今天，原子的存在早已不是猜想。原子能结合成分子，分子是具有各种物质化学性质的最小粒子。实际上，构成物质的微粒是多种多样的，有原子、离子(ion)、分子等。在热学中，这些微粒做热运动是遵从相同的规律的，所以可统称为分子。

　　组成物质的分子是很小的，不但肉眼不能直接观察到它们，用光学显微镜(optical microscope)也同样不能观察到，只有用扫描隧道显微镜(scanning tunneling microscope)才可以观察到。

　　如何知道分子的大小？一种粗略的方法是油膜法(oil film method)。将一滴油滴到水面上，油在水面上散开，形成单分子膜。这里我们认为分子为球形，那么单分子油膜的厚度就等于分子的直径(diameter)，只要先测出油滴的体积，再测出水面上油膜的面积，就可以算出分子的直径，得到的数据只在数量级上是有意义的。测量结果表明，油分子直径的数量级为10^{-10}m。

　　物理学中，测定分子大小的方法很多。用不同方法测得的分子直径是不完全相同，但数量级是一致的，均为10^{-10}m。

　　固体、液体的分子可以为是一个挨一个紧密排列的，每个分子的体积就是每个分子平均占有的空间。分子体积=物体体积/分子个数。气体分子的分子间距离较大，不能看做一个挨一个紧密排列，所以气体分子的体积远小于每个分子平均占有的空间。每个气体分子平均占有的空间可以看做以相邻分子间距离为边长的正立方体。

2　阿伏加德罗常数
Avogadro constant

　　我们在化学课中学过，1mol的任何物质都含有相同的粒子数，并用阿伏加德罗常数N_A来表示。

　　知道分子的大小，不难粗略算出阿伏加德罗常数。例如水的摩尔体积是$1.8×10^{-5}$m³/mol，每个水分子的直径是$4.0×10^{-10}$m，体积约为$3.0×10^{-29}$m³，就可以算出1mol水中所含水分子个数：

$$N=1.8×10^{-5}/3.0×10^{-29}= 6.0×10^{23}\text{mol}^{-1}$$

　　为了得到更精确的阿伏加德罗常数，科学家不断尝试用各种方法去测量它。1986年，用X射线(X-ray)法测得阿伏加德罗常数是$N_A=6.0221367×10^{23}$ mol^{-1}。

　　通常取$N_A=6.02×10^{23}$ mol^{-1}，在粗略计算中也可取$N_A=6.0×10^{23}$ mol^{-1}。

阿伏加德罗常数是一个巨大的数值。因此，一般物体中的分子数都是大得惊人。例如，$1cm^3$水中含有分子数约为3.3×10^{22}。

根据阿伏加德罗常数，很容易算出分子质量。水的摩尔质量$1.8\times10^{-2}kg/mol$，1mol水中含有水分子个数为6.0×10^{23}，则水分子质量为：

$$m=1.8\times10^{-2}/6.0\times10^{23}=3.0\times10^{-26}kg。$$

可见水分子的质量是很小的。除了包含几千个原子的有机大分子外，一般的分子质量都是很小的，氧分子质量$5.3\times10^{-26}kg$，氢分子质量$3.3\times10^{-27}kg$。

阿伏加德罗常数是一个重要的常数，定量研究热现象时经常要用到它。它是联系微观世界和宏观世界的桥梁(It is a ligament that contacts the microscopic world and macroscopic world)。

3 分子热运动动能
Kinetic energy of molecular thermal motion

分子的无规则运动跟温度有关(Molecular chaotic motion is related to the temperature)。温度越高，分子的无规则运动就越剧烈。正因为分子的无规则运动与温度有关，所以通常把这种运动叫做热运动(thermal motion)。

既然组成物质的分子不停地做无规则运动，那么像一切运动的物体一样，做热运动的分子也具有动能。

物体里分子的运动速率是不同的，因此各个分子的动能也不相同。各个分子的动能还会因为碰撞而发生变化。在研究热现象时，我们所关心的不是每个分子的动能，而是物体中所有分子动能的平均值，这个平均值叫做分子热运动的平均动能(mean kinetic energy)。

温度越高，分子热运动的平均动能越大；温度越低，分子热运动的平均动能越小。从分子运动理论的观点来看，温度是物体分子热运动的平均动能的标志(Temperature is the mark of the mean kinetic energy of the molecular thermal motion)。因此，分子运动理论使我们懂得温度的微观意义。

第二节 分子势能

Molecular potential energy

1 分子间相互作用力

Intermolecular force

分子间有空隙。否则分子是不能运动的。气体容易被压缩，水和酒精混合后的体积小于二者原来的体积之和，说明气体分子、液体分子之间有空隙。当然，固体分子之间也存在着空隙，只是相对于气体分子、液体分子来说，固体分子之间的空隙要小得多。

实际分子之间是存在空隙的，却能聚集在一起形成固体或液体，这说明分子之间存在着引力(attractive force)。用力拉伸物体，物体会产生反抗拉伸的弹力，就是因为分子间存在着引力。把两块纯净的铅紧紧地压在一起，由于分子间的引力，两块铅就合在一起，即使在下面悬挂一个重物也不能将它们分开。

分子间存在引力，而分子间又存在空隙，没有紧紧地吸在一起，这说明分子间还存在着斥力(repulsive force)。用力压缩物体，物体会产生反抗压缩的弹力，就是物体内大量分子间斥力的宏观表现。

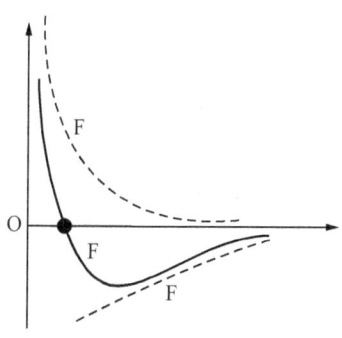

图8-1 分子间作用力与分子间距的变化关系

研究表明，分子间同时存在着引力和斥力，它们的大小都跟分子间距有关。图8-1的两条虚线分别表示分子间的引力和斥力随距离变化的情况(The two imaginary lines respectively indicate how the attractive and repulsive forces vary with the distance between the molecules)。实线表示引力和斥力的合力，即实际表现出的分子间作用力随分子间距变化的关系 (The actual line indicates how the resultant force, i.e. the actual intermocular force, varies with the distance between the molecules)。

可以看到，分子间的引力和斥力随着分子间距的增大而减小。当两分子间距为r_0时，分子间的引力和斥力相互平衡，分子间的作用力为零 (When the distance between two molecules is r_0, the attractive and repulsive forces are in balance, and the resultant force is zero)。r_0的数量级约为10^{-10}m，相当于r_0的距离的位置，我们称为平衡位置。

当分子间距小于r_0时，引力和斥力虽然都随着分子间距的减小而增大，但斥力增大的更快，因而分子间的作用力表现为斥力。(When the molecular separation is smaller than r_0, the attractive and repulsive forces both increase as the distance decreases. Because the repulsive force increases faster, the resultant force is repulsive.)

当分子间距大于r_0时，引力和斥力虽然都随着分子间距的增大而减小，但是斥力减小得更快，因而分子间的作用力表现为引力，它随着分子间距的增大迅速减小。(When the molecular separation is larger than r_0, the attractive and repulsive forces both decrease as the distance increases. Because the repulsive force decreases faster, the resultant force is attractive.)当分子间距的数量级大于10^{-9}m时，分子力已经变得十分微弱，可以忽略不计了。所以分子力是一个短程作用力(Molecular force is a short-range force)。

2 分子势能
Molecular potential energy

分子间存在相互作用力，分子间具有由它们相对位置决定的势能，这就是分子势能。

分子间距r大于r_0时，分子间的相互作用表现为引力，要增大分子间距必须克服引力做功，因此分子势能随着分子间距的增大而增大。这种情况与弹簧被拉伸时弹性势能的变化相似。分子间距r小于r_0的时候，分子间的相互作用表现为斥力，要减小分子间距必须克服斥力做功，因此分子势能随着分子间距的减小而增大。这种情况与弹簧被压缩时弹性势能的变化相似。

由上面的分子力曲线可以得出：当$r = r_0$，即分子处于平衡位置时，分子势能最小(When the distance equals r_0, the potential energy reaches the minimum)。不论r从r_0增大还是减小，分子势能都将增大。如果以分子间距离为无穷远时，分子势能为零。（如图8-2）

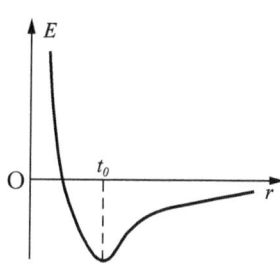

图8-2　分子势能与分子间距的变化关系

第三节　内能

Internal energy

1　内能

Internal energy

前面我们介绍了分子热运动的平均动能以及分子间的分子势能。物体中所有分子做热运动的动能和分子势能的总和，叫做物体的内能。一切物体都是由不停地做无规则热运动并且相互作用着的分子组成的，因此任何物体都具有内能。

由于分子热运动的平均动能与温度有关系，分子势能跟体积有关，因此物体的内能跟物体的温度和体积有关：温度变化时，分子动能变化，因而物体的内能随之变化(The molecular kinetic energy varies with the temperature, so the internal energy also varies with the temperature)；体积变化时，分子间距离发生变化，导致分子势能发生变化，因而物体的内能发生变化(The molecular potential energy varies with the volume, so the internal energy also varies with the volume)。

2　改变内能的两种方式
The two methods of varying the internal energy

在热学研究中经常要涉及到内能改变，那么什么样的物理过程能改变物体的内能呢？

我们在前面学过了，功是能量转化的量度。那么做功就是改变内能的一种方式(Performance of work is one way of varying internal energy)。用锯条锯木头，我们克服摩擦力做功，锯条和木块的温度升高，内能增加。这类被称为"摩擦生热(Friction generates heat)"的现象，实际上是通过做功改变物体内能。子弹射入木块，子弹克服阻力做功，子弹和木块的温度升高。冬天的时候，我们靠两手来回搓让手变暖，这其实也是"摩擦生热"。

我们来看一个实验。在一个厚壁玻璃筒里放一个火柴头，迅速压下活塞，对筒内空气做功，空气被压缩后，火柴头燃烧起来，这是由于空气的温度升高引起的。实验表明，外力对空气做功使空气内能增加，温度升高。发动机就是运用了这个原理，在压缩冲程(compression stroke)，汽缸内空气被压缩，温度升高，使气缸中的雾状汽油燃烧。

冬天我们喜欢围坐在火炉边烤火，灼热的火炉使它上面或周围的物体温度升高，内能增加。在杯中倒一杯热水，热水不断散热，温度降低，内能减少。在这类过程中，物体的内能发生了改变，但是并没有做功。这种没有做功而使物体内能改变的物理过程叫做热传递(This process, which varies the internal energy without the performance of work, is called heat transfer)。

可见改变物体内能的物理过程有两种：做功(performance of work)和热传递(heat transfer)。

做功和热传递都能改变物体的内能。也就是说，做功和热传递对改变物体的内能是等效的(To vary the internal energy, work and heat transfer are equivalent)。但是从能量转化和守恒的观点看又是有区别的：做功是其他能量和内能之间的转化，功是内能转化的量度。(The performance of work is the conversion between other energies and the internal energy. Work is the measurement of the conversion of the internal energy.)而热传递是内能间的转移，热量是内能转移的量度。(Heat transfer is the transmission of the internal energy. The quantity of heat is the measurement of the transmission of the internal energy.)

外界对物体所做的功W加上物体从外界吸收的热量Q等于物体内能的增加ΔU。

The increment of the internal energy equals the sum of the work done by the external force and the heat absorbed from the outside.

$$\Delta U = Q + W$$

这在物理学中叫做热力学第一定律（the first law of thermodynamics）。

在这个表达式中，当外界对物体做功时W取正，物体克服外力做功时W取负；当物体从外界吸热时Q取正，物体向外界放热时Q取负；ΔU为正表示物体内能增加，ΔU为负表示物体内能减小。

○ 复习题

1. 关于物体内能的改变，下列说法中正确的是（   ）

    A. 能够改变物体内能的物理过程有两种：做功和热传递

    B. 物体吸收热量，它的内能一定增加

    C. 物体放出热量，它的内能一定减少

    D. 外界对物体做功，物体的内能一定增加

2. 关于物体内能的改变，下列说法中正确的是（   ）

    A. 只有做功才能改变物体的内能

    B. 只有热传递才能改变物体的内能

    C. 做功和热传递都能改变物体的内能

    D. 做功和热传递在改变物体的内能上是不等效的

3. 做功和热传递都能够改变物体的内能。在下列改变物体内能的方法中，属于做功过程的是（   ）

    A. 炉火上壶里的水逐渐升温的过程

    B. 柴油机气缸内气体被压缩的过程

    C. 物体在阳光下被晒热的过程

    D. 把烧红的铁块投入水中使铁块温度降低的过程

4. 当两个分子之间的距离为r时，正好处于平衡状态。下面关于分子间相互作用的引力和斥力的说法中正确的是（   ）

    A. 两分子间的距离小于r_0时，它们之间只有斥力作用

    B. 两分子间的距离小于r_0时，它们之间只有引力作用

    C. 两分子间的距离小于r_0时，它们之间既有引力又有斥力作用，而且斥力大于引力

    D. 两分子间的距离等于r_0时，它们之间既有引力又有斥力作用，而且引力大于斥力

9 气压
Pressure of Gas

第一节 气体的压强

Pressure of gas

1 气体分子运动特点
Feature of molecular motion of gas

我们已经知道分子间是存在空隙的，气体分子间的空隙比固体、液体分子间的空隙要大得多，所以气体更容易被压缩。

气体可以充满整个空间，表明气体分子除了在相互碰撞的短暂时间外，分子间相互作用力十分微弱，气体分子可以自由运动。实际上，气体分子运动的速率很大，常温下大多数气体分子的运动速率都达到数百米每秒，这在数量级上相当于子弹的速度。

每个气体分子的运动是杂乱无章的，但对大量分子的整体来说，分子的运动是有规律的。我们可以用统计的方法来研究气体分子，气体分子的速率分布规律遵从统计规律。在一定温度下，某种气体的分子速率分布是确定的，可以求出这个温度下这种气体分子的平均速率。这里我们不详细加以介绍。

2 气体对容器壁的压强
Pressure of a gas on the wall of a container

我们已经知道，大气对处在其中的物体的表面会产生压强，容器中的气体对容器壁是不是也会有压强？

如图9-1，在玻璃罩内放一个充气不多的气球，用抽气机将玻璃罩内空气抽去，抽气的过程中会看到气球不断膨胀，这说明球内气体确实对气球壁产生了由内向外的压强，只是由于大气对气球壁有由外向内的压强，所以平时气球才不会膨胀。

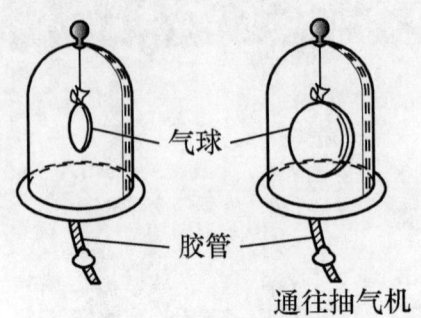

图9-1　实验装置图

我们所说的气体压强，就是气体对容器壁产生的压强(The gas pressure we are talking about is the pressure of a gas on the wall of a container)。在国际单位制中，压强的单位是帕斯卡(Pascal)，简称帕，符号Pa。

3　大气压力
Atmospheric pressure

地球表面包裹着一层几十公里厚的大气，据计算，它的总重量大约有$5130×10^4$亿吨。地面上每平方米大约要承受10吨重的大气柱的压力。气象科学上的大气压，就是单位面积上所受大气柱的重量（大气压强），也就是大气柱在单位面积上所施加的压力(The atmospheric pressure in meteorology is the weight of column of atmosphere a unit area bears, which is also the pressure of column of atmosphere on the unit area)。

著名的马德堡半球(Magdeburg hemispheres)实验证明了大气压力的存在。大气压为$1.01×10^5$Pa，等于760毫米汞柱(mercury column)。

气压时刻在发生变化。在通常情况下，每天早晨气压上升，到下午气压下降；每年冬季气压最高，夏季气压最低。但有时候，如在一次寒潮影响时，气压会很快升高，冷空气过去后，气压又慢慢降低。所以气压的变化是经常性的。

4　气体压强的微观意义
Microscopic meaning of the gas pressure

我们知道，雨滴打在雨伞上使伞面受到冲力(impulsive force)。单个雨滴对伞面的冲力是短暂(short lived)的，但是大量密集的雨滴接连不断地打在伞面上，对伞面就产生一个持续的均匀的压力。雨滴的动能越大，雨滴越密集，产生的压力就越大。同样，<u>单个分子碰撞器壁的冲力是短暂的，但是大量分子频繁地碰撞器壁，就对器壁产生持续的、均匀的压力</u>(The impulsive force of a single molecule is short lived, but with a large quantity of molecules continually hitting the wall of the container, the pressure on the wall of the container will be persistent and uniform)。所以<u>从分子运动理论的观点来看，气体压强就是大量气体分子作用在容器壁单位面积上的平均作用力</u>(From the perspective of the kinetic molecular theory, the pressure of a gas is the mean force of a large quantity of molecules acting on the wall of a container)。标准状况下，$1cm^3$的气体中含有2.7×10^{19}个分子。每秒钟撞击单位面积器壁的分子是相当多的，对器壁能产生持续的压力。

大量滚珠对秤盘产
均匀的压力

图9-2 模拟气体压强

我们来模拟(simulate)一下气体压强的产生。把小球当做气体分子模型，把装有滚珠的杯子拿到秤盘上方5cm处，把一个小球倒在秤盘上，秤的指针会摆动一下。在相同的高度把更多的小球持续快速地倒在秤盘上，秤的指针会在一个位置附近摆动。这说明大量小球撞击秤盘时，对秤盘产生持续的、均匀的压力。在一定的时间内，碰撞的小球越多，产生的压力越大。

如果是这些小球从更高的位置倒在秤盘上，可以观察到秤的指针偏转更大，表明受到的压力更大。这说明，小球的动能越大，产生的压力越大。

由上述实验我们发现，从微观角度来看，气体压强的大小跟两个因素有关：一个是气体分子的平均动能，另一个是气体分子的密集程度。

气体分子的平均动能越大，分子撞击器壁时产生的作用力越大，气体的压强就越大。而温度是分子平均动能的标志，可见气体的压强与气体温度有关(The pressure is related to the temperature)。

气体分子越密集，每秒撞击器壁单位面积的分子数量越多，气体的压强就越大。一定质量的气体，体积越小，分子越密集，可见气体的压强与气体体积有关(The pressure is related to the volume)。

第二节　气体的体积、压强、温度之间的关系

Relation among the volume, pressure and temperature of a gas

我们通常会以一种物体的某些特征作为参量来描述它，那么如何描述气体呢？我们先来看描述气体的状态参量。

温度：温度在宏观上表示物体的冷热程度；在微观上是分子平均动能的标志(In the macroscopic view, temperature means the degree of heat present in an object; and in the microscopic view, temperature is the mark of the mean kinetic energy of the molecules)。

热力学温度(thermodynamic temperature)是国际单位制中的基本量之一，符号T，单位是K(Kelvin)；摄氏温度是导出单位，符号t，单位是°C(Celsius scale)。两者的关系是$t = T - T_0$，其中$T_0 = 273.15K$，摄氏度不再采用过去的定义。

两种温度间的关系可以表示为：

$$T = t + 273.15K \text{和} \Delta T = \Delta t$$

要注意两种单位制下每一度的间隔是相同的。

0K是低温的极限，它表示所有分子都停止了热运动。可以无限接近，但永远不能达到。

体积(volume)：气体总是充满它所在的容器，所以气体的体积总是等于盛装气体的容器的容积。

压强(pressure)：气体的压强是由于气体分子频繁碰撞器壁而产生的。

对于一定质量的气体来说，如果温度、体积和压强这三个量都不改变，我们就说气体处于一定的状态中。

1 气体压强和体积的关系
The relation between pressure and volume

气体的压强跟它的体积有关。用手指堵住注射器前端的小孔（如图9-3），这时就在注射器内密封保存了一定质量的空气。先将活塞向注射器内部推入，使管内的气体体积减小，然后往外拉活塞，使管内气体体积增大，体会管中气体对手指压力的变化。我们认识到，体积减小时，气体压强增大；体积增大时，气体压强减小(The pressure increases with the decreasing of volume and decreases with the increasing of volume)。

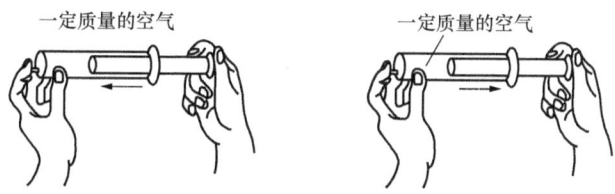

一定质量的空气　　　　一定质量的空气

图9-3　实验装置图

按照气体分子的运动理论，气体对容器壁的压力是由于分子对容器壁的碰撞产生的。气体的体积越小，分子越密集，单位时间内撞到单位面积器壁的分子数量就越多，气体的压强就越大。前面我们定性地讨论了气体的体积、压强和温度的关系。下面我们来定量地考虑一下。假设气体体积变化时的温度不变，气体在温度不变的情况下所发生的状态变化叫做等温变化(isothermal process)。则根据实验数据我们得到玻意耳定律(Boyle's law)。

表述之一：

一定质量的气体，在温度不变的情况下，它的压强和体积成反比。

For a given mass of a gas, its pressure is reciprocal to the volume in the isothermal condition.

数学表达式：$\dfrac{p_2}{p_1} = \dfrac{V_1}{V_2}$ 或 $p_1 V_1 = p_2 V_2$

表述之二：

一定质量的气体，在温度不变的情况下，它的压强和体积的乘积是不变的。

For a given mass of a gas, the product of its pressure and volume is a constant in the isothermal condition.

数学表达式：$pV =$ 恒量

表述之三：用图像表示玻意耳定律。

纵轴表示气体的压强，横轴代表气体的体积。

图像平面内的一点，代表一定质量的气体的一个状态，平滑的曲线是双曲线的一股，反映了等温情况下，一定质量的气体跟压强成反比的规律。必须强调的是，这条曲线表示了一定质量的气体由一个状态过渡到另一个状态的过程是一个等温过程(isothermal process)。

由图9-4，我们还可以看出，随着温度的升高，pV变大。

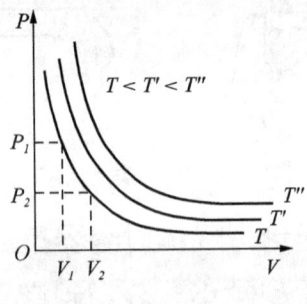

图9-4 p—V曲线

玻意耳定律的适用条件(The conditions for using the Boyle's law)：

①温度不太低(Temperature is not too low)；

②压强不太大(Pressure is not too high)。

2 **气体压强和温度的关系**
The relation between pressure and temperature

我们先来看一个实验：

滴液瓶中装有干燥的空气，用涂有少量润滑油的橡皮塞盖住瓶口，把瓶子放入热水中，会看到塞子飞出；把瓶子放在冰水混合物中，拔掉塞子时会比平时费力。

这个实验告诉我们：一定质量的气体，保持体积不变，当温度升高时，气体的压强增大；当温度降低时，气体的压强减小。

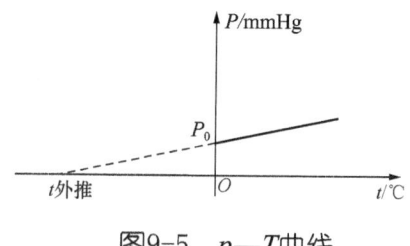

图9-5　p—T曲线

气体在体积不变的情况下所发生的状态变化叫做等体积变化，也叫做等容变化(isochoric process)。一定质量的气体，在体积保持不变的情况下，温度每升高（或降低）1℃，增加（或减小）的压强等于它在0℃时压强的1/273(For a given mass of a gas, if its volume remains constant, the increment of pressure of every 1℃ equals the 1/273 of the pressure at 0℃)。上述内容就是查理定律（Charles' law）。

设一定质量的气体，保持体积不变的条件下，0℃的压强为p_0，t℃时的压强为p_t，则有：

$$(p_t - p_0)/t = p_0/273$$

这个公式为查理定律的数学表达式。

当然，查理定律也可以用图像来表示。

查理定律的适用条件(The conditions for using the Charles' law)：

① 温度不太低(Temperature is not too low)；

② 压强不太大(Pressure is not too high)。

3　理想气体状态方程
Equation of state of an ideal gas

前面我们学习的玻意耳定律是一定质量的气体在温度不变时，压强与体积变化所遵循的规律；而查理定律是一定质量的气体在体积不变时，压强与温度变化时所遵循的规律；即这两个定律都是一定质量气体的体积、压强、温度三个状态参量中有一个参量不变，而另外两个参量变化时所遵循的规律。那么若三个状态参量都发生变化时，应遵循什么样的规律呢？这就是我们这一节要学习的主要内容。

在初中我们就学过使常温常压下呈气态的物质（如氧气、氢气等）液化的方法是降低温度和增大压强。这就是说，当温度足够低或压强足够大时，任何气体都能被液化，当然也就不遵循反映气体状态变化的玻意耳定律和查理定律了。实验证明：在较低温度或较大压强下，气体即使未被液化，它们的实验数据也与玻意耳定律或查理定律计算出的数据有较大的误差(error)。

表9-1是在温度为0 ℃，压强为$1.013×10^5$Pa的条件下取1L几种常见实际气体，保持温度不变时，在不同压强下用实验测出的pV乘积值。从表中可看出，在压强为$1.013×10^5$Pa至$1.013×10^7$Pa之间时，实验结果与玻意耳定律计算值近似相等；当压强为$1.013×10^8$Pa时，玻意耳定律就完全不适用了。这说明实际气体只有在一定温度和一定压强范围内才能近似地遵循玻意耳定律和查理定律(The real gas should be in the certain range of temperature and pressure to approximately follow Boyle's law and Charles' law)，而且不同的实际气体适用的温度范围和压强范围也是各不相同的。为了研究方便，我们假设这样一种气体，它在任何温度和任何压强下都能严格地遵循玻意耳定律和查理定律。我们把这样的气体叫做"理想气体(ideal gas)"。

表9-1　不同压强下用实验测出的pV乘积值

p （$×1.013×10^5$ Pa）	pV值 （$×1.013×10^5$ PaL）			
	H_2	N_2	O_2	空气
1	1.000	1.000	1.000	1.000
100	1.0690	0.9941	0.9265	0.9730
200	1.1380	1.0483	0.9140	1.0100
500	1.3565	1.3900	1.1560	1.3400
1000	1.7200	2.0685	1.7355	1.9920

前面已经学过，对于一定质量的理想气体的状态可用三个状态参量p、V、T来描述，而且这三个状态参量中只有一个变而另外两个保持不变

的情况是不会发生的。换句话说，若其中任意两个参量确定之后，第三个参量一定有唯一确定的值。p、V、T共同表征一定质量理想气体的唯一确定的状态。我们假定一定质量的理想气体在开始状态时各状态参量为（p_1，V_1，T_1），经过某变化过程，到末状态时各状态参量变为（p_2，V_2，T_2），这中间的变化过程可以是各种各样的，现假设有两种过程：

第一种：从（p_1，V_1，T_1）先做等温变化并使其体积变为V_2，压强随之变为p_c，此中间状态为（p_c，V_2，T_1），再做<u>等容变化</u>(isochoric process)并使其温度变为T_2，则其压强一定变为p_2，则末状态（p_2，V_2，T_2）。

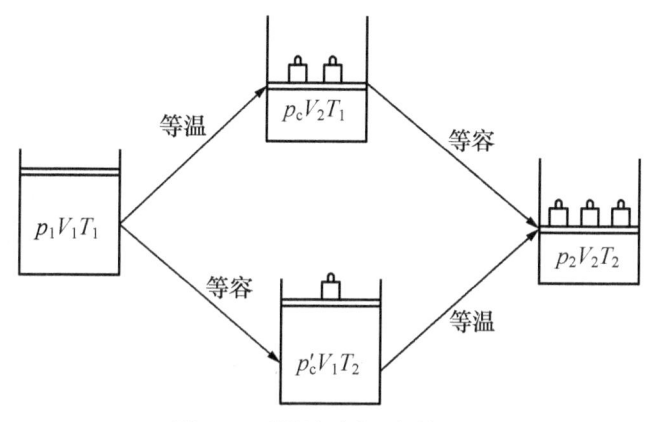

图9-6　两种中间变化过程

第二种：从（p_1，V_1，T_1）先做等容变化并使其温度变为T_2，则压强随之变为p_c'，此中间状态为（p_c'，V_1，T_2），再做等温变化并使其体积变为V_2，则压强也一定变为p_2，也到末状态（p_2，V_2，T_2）。

根据玻意耳定律和查理定律，分别按两种过程，我们来推导理想气体状态方程（即找出p_1、V_1、T_1与p_2、V_2、T_2间的等量关系，

基本方法是：

解联立方程 $\begin{cases} p_1V_1 = p_cV_c \\ \dfrac{p_c}{p_2} = \dfrac{T_1}{T_2} \end{cases}$ 或 $\begin{cases} \dfrac{p_1}{p_c} = \dfrac{T_1}{T_2} \\ p_c'V_1 = p_2V_2 \end{cases}$

消去中间状态参量p_c或p_c'均可得到：

$$p_1V_1/T_1 = p_2V_2/T_2$$

这就是理想气体状态方程。可以看出，<u>一定质量的理想气体的压</u>

强、体积的乘积与热力学温度的比值是一个常数(For a given mass of an ideal gas, the ratio of the product of pressure and volume to the thermodynamic temperature is a constant)。

我们在前面学过了理想气体等温变化和等容变化，那么我们现在来看理想气体的等压变化(isobaric process)。

根据理想气体状态方程，若$p_1=p_2$，则方程变为：

$$V_1/T_1 = T_2/T_2$$

这就是法国物理学家盖·吕萨克(Gay-Lussac, 1778~1820)在1801年发现的气体体积随温度改变的规律：

假设在压强不变的条件下（即等压变化），一定质量的气体，体积与温度成正比关系。

For a given mass of a gas, its pressure is proportional to the volume in the isobaric condition.

后来，把气体质量和压强不变条件下，体积与温度成线性关系的规律叫盖·吕萨克定律（Gay-Lussac's law）。

【例】下图中两个气缸的质量均为M，内部横截面积为S，两个活塞的质量均为m，左边的气缸静止在水平面上，右边的活塞和气缸竖直悬挂在天花板下。两个气缸内分别封闭有一定质量的空气A、B，大气压为p_0。求封闭气体A、B的压强各为多大。

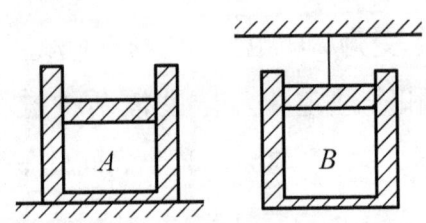

[解] 求气体压强要以跟气体接触的物体为对象进行受力分析，在本题中，可取的研究对象有活塞和气缸。两种情况下活塞和气缸的受力情况的复杂程度是不同的：第一种情况下，活塞受重力、大气压力和封闭气体压力三个力作用，而且只有气体压力是未知的；气缸受重力、大气压力、封闭气体压力和地面支持力四个力，地面支持力和气体压力都是未知的，要求地面压力还得以整体为对象才能得出，因此应选活塞为

对象求p_A。同理第二种情况下应以气缸为对象求p_B。得出的结果是：

$$p_A = p_0 + mg/S, \quad p_B = p_0 - Mg/S$$

4 理想气体状态变化图像
Graph of the change of status of an ideal gas

在学习力学知识的过程中，我们知道，不仅可以用数学公式的形式来描述物理规律，还可以用图像的形式来描述物理规律。在前几节，我们学习玻意耳定律和查理定律时，已经涉及到有关的图像了，下面我们要在学习理想气体状态方程和盖·吕萨克定律的基础上，进一步深入学习和理解理想气体状态变化在不同坐标系里的图像形式。

根据理想气体状态方程说明，一定质量的理想气体的压强、体积的乘积与热力学温度的比值是一个常数。据此，一定质量的理想气体状态方程也可写成：

$$PV/T = C$$

这里，C是一个与质量有关的常数。那么，我们就可以根据不同的条件来画出理想气体的状态变化图像了。

（1）等温变化。此时方程中的T和C都是常数，$pV=CT$，则p与V成反比，在$p-V$图中是以p轴、V轴为渐近线的双曲线，在$p-T$图中是平行于p轴的直线，在$V-T$图中是平行V轴的直线。

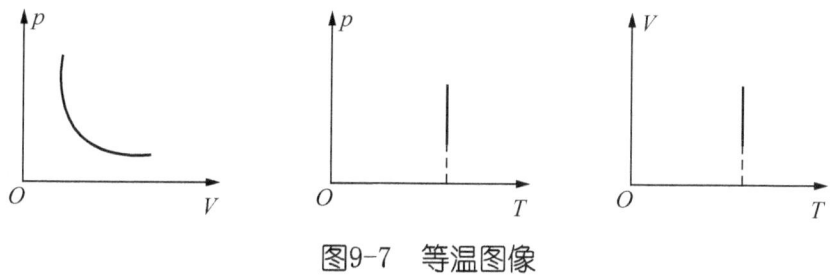

图9-7　等温图像

（2）等容变化。此时方程中的V和C都是常数，$p = CT/V$，p与T成正比，因此在$p-V$图中是平行于p轴的直线，在$p-T$图中是过原点的直线（正比例图线），在$V-T$图中是平行于T轴的直线。

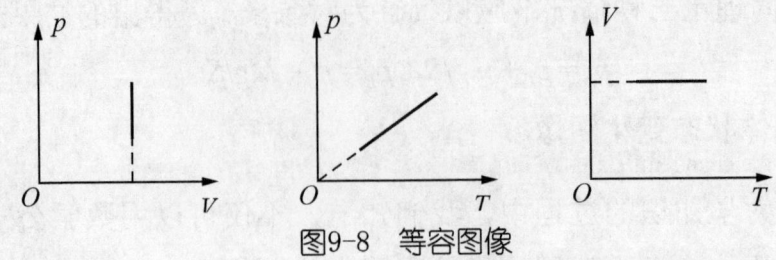

图9-8 等容图像

（3）等压变化。此时方程中的p和C都是常数，$V=CT/p$，V与T成正比，因此在$p-V$图中是平行于V轴的直线，在$p-T$图中是平行于T轴的直线，在$V-T$图中是过原点的直线（正比例图线）。

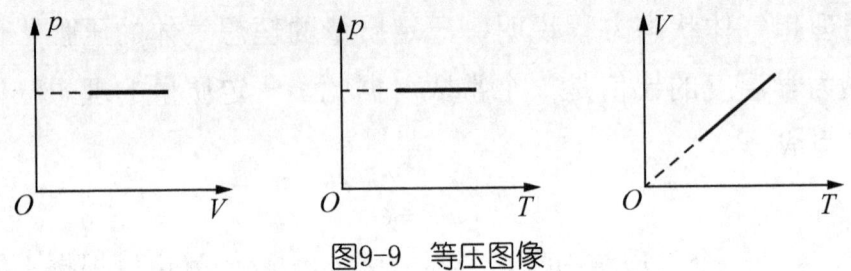

图9-9 等压图像

复习题

1. 下图所示为一定质量的理想气体的三个过程的曲线，它们分别是（　　）

    A. 1等容过程、2等压过程、3等温过程

    B. 1等温过程、2等容过程、3 等压过程

    C. 1等压过程、2等温过程、3 等容过程

    D. 无法判断

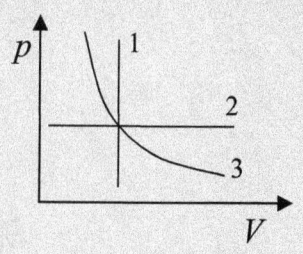

2. 一定质量的理想气体，温度从0℃升高到t℃时，压强变化如图所示，在这一过程中气体体积变化情况是（　　）

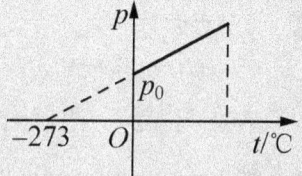

    A. 不变　　B. 增大　　C. 减小　　D. 无法确定

3. 下图为一定质量的理想气体分别在温度为T_1、T_2时的两条等温曲线，则（　　）

    A. $T_1 > T_2$　　B. $T_1 = T_2$　　C. $T_1 < T_2$　　D. 无法判断

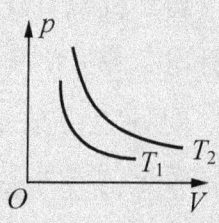

4. 下图是一定质量理想气体在$p-T$图中体积分别为V_1、V_2、V_3的三条等容图线，由此图像可知V_1、V_2、V_3之间的关系是_____。

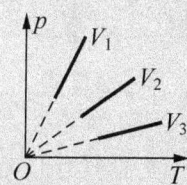

10 电场
Electric Field

第一节　电荷　库仑定律

Electric charge and Coulomb's law

1　两种电荷
Two kinds of electric charges

大家知道，用毛皮摩擦过的橡胶棒，用丝绸摩擦过的玻璃棒，能吸引轻小物体(attract small bits of matter)，它们都带上了电荷(electric charge)。玻璃棒上带的电荷叫正电荷(Charges on glass rubbed with silk were arbitrarily called positive)，橡胶棒上带的电荷叫负电荷(Charges on ebonite rubbed with fur were arbitrarily called negative)。

自然界只存在两种电荷：正电荷和负电荷，而且同种电荷相互排斥，异种电荷相互吸引(Like charges repel and unlike charges attract)。

同种电荷放在一起互相增强，异种电荷放在一起互相减弱或者抵消。等量的异种电荷完全相互抵消 (Equal amounts of opposite charges can be neutralized) ，这种现象叫做中和(neutralization)。

电荷的多少叫做电荷量(the amount of charge)，单位是库仑(Coulomb)，符号是C。通常，正电荷的电荷量用正数表示，负电荷的电荷量用负数表示。

2　静电感应　电荷守恒定律
Electrostatic induction and the conservation of charge

在摩擦起电(charged by rubbing)中，一个物体失去一些电子而带正电，另一个物体得到这些电子而带负电(A body can become positively or negatively charged by losing or gaining some electrons)。摩擦起电并不是创造(create)了电荷，而是使物体中的正负电荷分开(separate)，并使电子从一个物体转移(transfer)到另一个物体。摩擦可以使物体带电，用其他方法也可以使物体带电。

取一对用绝缘支柱支持的金属导体A和B，使它们彼此接触。起初它们不带电，贴在它们下部的金属夹是闭合的。现在把带正电荷的球C移近导体A，可以看到A、B上的金属夹都张开了，表示A、B都带上了电荷(如图10-1a)。实验表明：导体A上带负电荷，与C上的电荷异号；导体B上带正电荷，与C上的电荷同号。如果先把A和B分开，然后移去C，可以看到A和B仍带有电荷(如图10-1b)。如果再让A和B接触，它们就不再带电。这说明了A和B分开后所带的异种电荷是等量的，重新接触后等量异种电荷发生中和。把电荷移近不带电的导体，可以使导体带电，这种现象叫做静电感应(The phenomenon of the appearance of opposite charges on the two ends of an originally neutral conductor under the action of a charged body nearby is called the electrostatic induction)。利用静电感应使物体带电，叫做感应起电(charged by induction)。

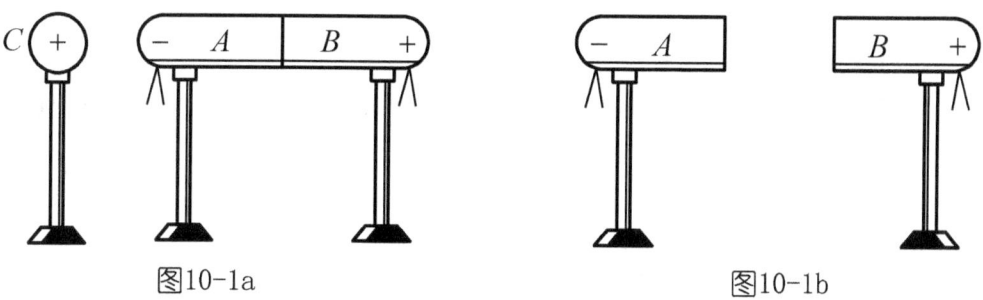

图10-1a   图10-1b

把带电的球C移近金属导体A和B时，导体上的自由电子被吸引过来，因此导体A和B分别带上了等量的异种电荷。感应起电也不是创造了电荷，而是使物体上的正负电荷分开，使电荷从物体的一部分转移到另一部分。大量事实说明：

电荷既不能创造，也不能被消灭，只能从一个物体转移到另一个物体，或者从物体的一部分转移到另一部分，在转移的过程中，电荷的总量保持不变。

Charge can not be created or eliminated. It can only be transferred from one body to another body or from one part of a body to another part of the body. During the transference, the total amount of charge remains unchanged.

这个结论叫做电荷守恒定律(the conservation of charge)。它是物理学中重要的基本定律之一。

3 元电荷　库仑定律
Elementary charge and Coulomb's law

电子和质子(electron and proton)带有等量的异种电荷，它们的电荷量记作e。实验指出，所有带电体的电荷量都是电荷量e的整数倍(integral multiple)。因此，电荷量e称为元电荷(elementary charge)。

元电荷的数值最早是由美国科学家密立根(Robert Andrews Millikan, 1868~1953)用实验测得的。在密立根实验之后，人们又做了许多实验，进一步精确地测定e的数值。现在测得的元电荷的精确值为：

$$e = 1.6021892 \times 10^{-19}C$$

通常可取作$e = 1.60 \times 10^{-19}C$，1C的电量相当于$6.25 \times 10^{18}$个电子或质子所带的电量。电子的电荷量和电子的质量之比，叫做电子的荷质比(charge-to-mass ratio)。它也是一个常用的物理常量。电子的质量为$m_e = 0.91 \times 10^{-30}kg$。

实验表明，电荷之间的作用力随着电荷量的增大而增大，随着距离的增大而减小。法国物理学家库仑(Charles-Augustin de Coulomb, 1736~1806)用实验研究了电荷间的相互作用力，于1785年发现了后来以他的名字命名的定律。这个定律表述如下：

在真空中的两个点电荷之间相互作用的电力跟它们的电量的乘积成正比，跟它们间的距离的平方成反比，作用力的方向在它们的连线上。

The force between two point charges acts along the line joining them, and is directly proportional to the product of the magnitudes of the charges, and inversely proportional to the square of the distance between them.

这就是库仑定律(Coulomb's law)。电荷间这种相互作用的力叫做静电力(electrostatic force)或库仑力(Coulomb force)。

库仑定律中所说的点电荷(point charge)指的是，如果带电体之间的距离比它们自身的大小大得多，以至带电体的形状和大小对相互作用力的影响可以忽略不计，这样的带电体就可以看成点电荷(If the effect of the shape and the size of the charged body on the interactive electric force can be disregarded, we can take the body as a point charge)。

如果用Q_1、Q_2表示两个点电荷的电量，用r表示它们间的距离，用F表示它们间的静电力，库仑定律就可以写成下面的公式：

$$F=kQ_1Q_2/r^2$$

式中k是比例恒量(proportionality constant)，叫做静电力常量。由实验得出真空条件下，$k=9.0\times10^9 \text{Nm}^2/\text{C}^2$。

【例1】两个半径相同的金属小球，带电量之比为1∶7，相距为r，两者相互接触后再放回原来的位置上，则相互作用力可能为原来的（　　　）

A. 4/7　　　B. 3/7　　　C. 9/7　　　D. 16/7

[分析]　设两小球的电量分别为q与$7q$，则原来相距r时的相互作用力

$$F = kq \cdot 7\,q/r^2 = 7kq^2/r^2$$

由于两球的电性未知，接触后相互作用力的计算可分两种情况：

（1）两球电性相同

相互接触时两球电量平均分布，每球带电量为$(q+7q)/2=4q$，放回原处后它们之间表现为排斥力，大小为：$F_1 = k4q \cdot 4q/r^2 = 16kq^2/r^2$

（2）两球电性不同

相互接触时电荷先中和再平分，每球带电量为$(7q-q)/2=3q$，放回原处后它们之间表现为吸引力，大小为：$F_2 = k3q \cdot 3q/r^2 = 9kq^2/r^2$

[说明]

（1）相同的球接触后电量平分，是库仑当年从直觉得出的结果，也是库仑实验中的一个重要的思想方法——依靠彼此接触达到改变电量的目的。

（2）本题的计算渗透着电荷守恒的思想，即电荷不会创生也不会消失，只能从一个物体转移到另一个物体，或从物体的一部分传递到另一部分，电荷的总量保持不变。

【例2】如图所示，三个点电荷q_1、q_2、q_3固定在一直线上，q_2与q_3的距离为q_1与q_2距离的2倍，每个电荷所受静电力的合力均为零，由此可以判定，三个电荷的电量之比$q_1:q_2:q_3$为（　　　）

    A.（-9）:4:（-36）　　　　B. 9:4:36

    C.（-3）:2:（-6）　　　　D. 3:2:6

图① 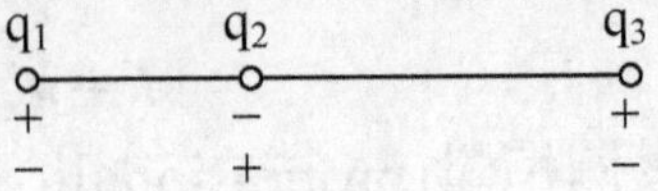　　　　　　　　　图②

[分析] 每个电荷所受静电力的合力为零，其电性不可能相同，只能是如图所示两种情况。

考虑q_2的平衡，由

$$r_{12}:r_{23}=1:2$$

据库仑定律得：$q_3=4q_1$

考虑q_1的平衡，由

$$r_{12}:r_{13}=1:3$$

同理得：$q_3=9q_2$，或$q_2=1/9q_3=4/9q_1$

$$q_1:q_2:q_3=1:4/9:4=9:4:36$$

考虑电性后应为（-9）:4:（-36）或9:（-4）:36，因而只有A正确。

库仑定律在其他介质中同样适用，只是不同的介质中k值不同。一般计算空气中的点电荷间的静电力时，可按在真空中处理。

库仑定律是电磁学的基本定律之一。库仑定律给出的虽然是点电荷间的静电力，但是任意带电体都可以看成是由许多点电荷组成的。所以，如果知道带电体中的电荷分布，根据库仑定律和力的合成法则就可以求出带电体间的静电力的大小和方向。

第二节 电场 电场强度

Electric field and electric field intensity

1 电场 电场强度

Electric field and electric field intensity

经过长期的科学研究，人们认识到：<u>电荷之间的相互作用是通过电场发生的，只要有电荷存在，电荷的周围就存在着电场。电场的基本性质是它对放入其中的电荷有力的作用，这种力叫做电场力。</u>(The concept of the electric field is embodied in the following two points: (1) wherever there is a point charge, there is an electric field set up in the space around it; (2) an electric field is capable of exerting a force on any point charge (except itself) placed in the field.)

电荷a和b的相互作用是通过电场发生的：电荷a对电荷b的作用，实际上是电荷a的电场对电荷b的作用；电荷b对电荷a的作用，实际上是电荷b的电场对电荷a的作用。引入场的概念是对物理学的重要贡献。电场和磁场虽然跟由原子和分子组成的物质不同，但它们是客观存在的一种特殊物质形态。

研究电场，必须在电场中放入电荷。这个电荷的电量应当充分小，放入之后不致影响原来要研究的电场，<u>体积也要充分小以便视为点电荷</u>(small in dimensions so that can be taken as a point charge)，便于用来研究电场中各点的情况。这样的电荷称为试探电荷(test charge)。把试探电荷q放在电荷Q产生的电场中。电荷q在电场中的不同点受到的电场力的大小一般是不一样的，这表示各点的电场强弱不一样。

电荷q在距Q较近的A点受到的电场力大，表示这一点的电场强；电荷q在距Q较远的B点受到的电场力小，表示这一点的电场弱。但是，我们不能直接用电场力的大小表示电场的强弱，因为不同的电荷q在电场的同一点所受的电场力F是不同的。实验表明：在电场中的同一点，比值F/q是恒定的；在电场中的不同的点，比值F/q一般是不同的。这个比值由电荷q在电场中的位置所决定，跟电荷q无关，是反映电场性质的物理量。在物理学中，用比值F/q，也就是单位电荷受到的电场力的大小来表示电场的强弱。

放入电场中某一点的电荷受到的电场力F跟它的电量q的比值叫做该点的电场强度。

If we placed a test charge at some point in the electric filed, we define the ratio of the force F exerted on the charge to the amount of the charge q as the electric field intensity at that point.

电场强度简称场强。用符号E表示电场强度，则有：

$$E = F/q$$

如果知道电场中某一点的场强E，就可以求出任意电量q的电荷在该点所受的电场力$F = qE$。电场强度的物理含义是单位电荷所受到的电场力，它是由电场本身决定的，与试探电荷q无关(Electric field intensity is the force per unit charge, and it characterizes the field, regardless of the test charge)。

电场强度的单位是N/C，它和力一样是矢量。我们规定：电场中某点的场强方向跟正电荷在该点所受的电场力的方向相同(The direction of E is the direction of the force on a positive test charge)，负电荷在场中某点受到的电场力的方向与该点的场强方向相反。

2 点电荷的场强 电场强度叠加原理
Electric field intensity due to a point charge and the superposition principle

由电场强度的定义和库仑定律可以得出，在点电荷Q形成的电场中，距Q为r的P点场强E的大小为：

$$E=kq/r^2$$

如果Q是正电荷，E的方向就是沿着QP连线并背离(deviate from)Q；如果Q是负电荷，E的方向就是沿着QP连线并指向Q。（如图10-2）

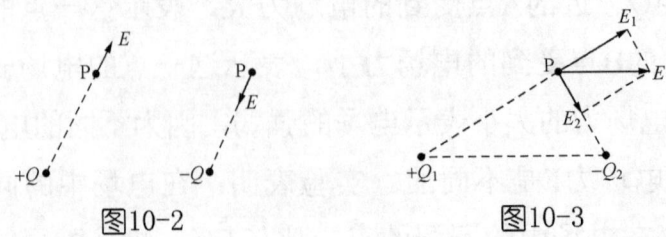

图10-2   图10-3

如果有几个点电荷同时存在，它们的电场就互相叠加，形成合电场。这时某点的场强等于各个点电荷在该点产生的场强的矢量和。这叫做电场的叠加原理(the superposition principle of electric fields)。例如图10-3中P点的场强E等于Q_1在该点产生的场强E_1和Q_2在该点产生的场强E_2的矢量和。

【例3】在真空中有一个点电荷Q，在它周围跟Q在同一直线上有A、B两点，相距$d=12cm$，已知A点和B点的场强大小之比$E_A/E_B=4$，试求场源电荷Q在该直线上的位置。

[分析] 根据点电荷的场强公式$E=kq/r^2$直接可得。

[解] 设场源电荷Q离A点距离为r_1，离B点距离为r_2，根据点电荷场强公式和题设条件，由下式：

$$kq/r_1^2=4kq/r_2^2,$$

可得：
$$r_2=2r_1$$

满足上述距离条件的场源位置可以有两种情况，如图①所示：

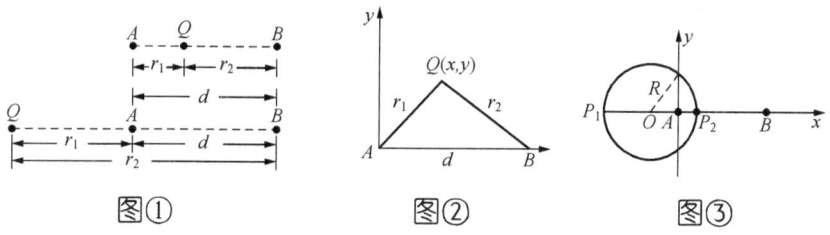

图①　　　　　　图②　　　　　　图③

因此，可以有两解：

$$\begin{cases} r_1=4m \\ r_2=8m \end{cases} \text{或者} \begin{cases} r_1=12cm \\ r_2=24cm \end{cases}$$

也就是说，当场源电荷Q在AB连线中间时，应距A为4cm；当场源电荷Q在AB连线的A点外侧时，应距A为12cm。

[说明] 题中把场源电荷局限于跟A、B在同一直线上。如果没有此限制，Q可以在A、B同一平面内移动，可以A为原点建立平面直角坐标。设场源电荷的位置坐标为(x, y)，它与A、B两点相距分别为r_1、r_2，如图②所示。可以算出场源电荷的轨迹是一个圆，圆心坐标是$(-d/3, 0)$，

上面场源电荷与A、B在同一直线上的解，仅是它的一个特例，如图③中 P_1、P_2所示。

有了点电荷的场强公式和场强的叠加性，原则上可以求出任何一个已知电荷分布所形成的电场中任一点的场强。

3 电场线 匀强电场

Field lines (or lines of force) and uniform field

英国物理学家法拉第(Michael Faraday, 1791~1867)首次提出电场的概念，他还提出了用电场线表示电场的方法。

在电场中的每一点场强E都有一定的方向，如果在电场中画出一系列曲线，使曲线上每一点的切线方向都跟该点的场强方向一致，这样的曲线就叫做电场线(A field line is a line drawn in such a way that the tangent to the line at each point represents the direction of the field at that point)。图10-4表示一条电场线，A、B、C 各点的场强矢量在各点的切线上，方向分别如图中的箭头所示。

有了点电荷的场强公式和场强的叠加性，原则上可以求出任何一个已知电荷分布所形成的电场中任一点的场强。

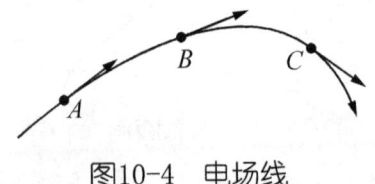

图10-4 电场线

电场线的形状可以用实验来模拟。把头发屑悬浮在蓖麻油里，加上电场，微屑就按照场强的方向排列起来，显示出电场线的分布情况。应该注意，这个实验只是用来模拟电场线的分布情况，电场线不是电场中实际存在的线，而是用来形象地描述电场的假想的线。

图10-5表示单个点电荷的电场线的分布，图10-6表示两个等量的点电荷的电场线的分布。

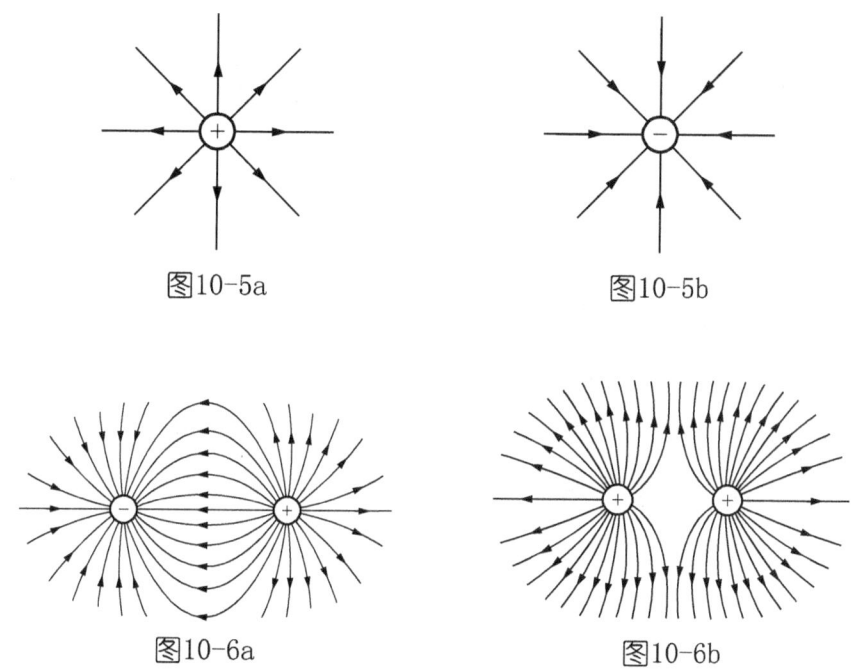

图10-5a   图10-5b

图10-6a   图10-6b

我们知道，在离产生电场的电荷越近的地方，场强越大。从图中可以看出，电场线从正电荷出发，终止于负电荷，任意两条电场线不相交。(Field lines originate on positive charges and terminate on negative charges. Two field lines never intersect.)在离场源电荷越近的地方，电场线越密。所以用电场线不仅可以形象地表示场强的方向，而且在同一个电场线分布图里还可以大致表示场强的大小：电场线越密的地方，场强越大；电场线越稀的地方，场强越小(The density of the lines represents the field intensity)。

在电场的某一区域，如果场强的大小和方向都相同，这个区域的电场叫做匀强电场(If the field is everywhere parallel and has the same magnitude, we call it a uniform field)。匀强电场是最简单的电场，在研究中经常用到它。两块靠近的平行金属板，大小相等，互相正对，且分别带等量的正负电荷，它们之间的电场（除边缘附近外）就是匀强电场。匀强电场的电场线是距离相等的平行线(The field lines of a uniform field are straight, parallel, and uniformly spaced)。

第三节 电场中的导体 静电平衡

Conductors in an electric field and electrostatic equilibrium

把一个不带电的金属导体ABCD放到场强为E的电场中，导体内的自由电子受到电场力的作用，将向电场的反方向做定向移动(motion in a definite direction)（如图10-7a）。这样，在导体的AB面上将出现负电荷，在CD面上将出现正电荷。导体里的自由电子在外电场的作用下重新分布的现象，就是前面讲过的静电感应。

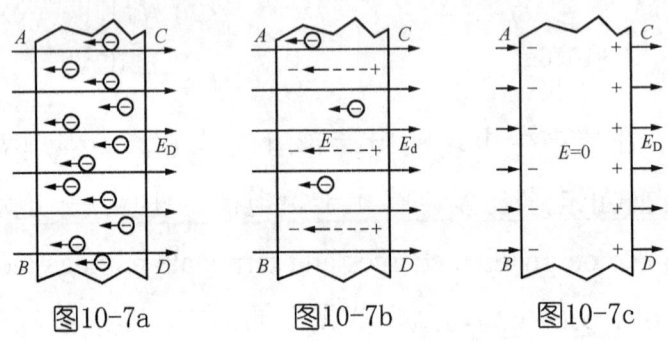

图10-7a　　　　图10-7b　　　　图10-7c

导体两面出现的正负电荷在导体内部产生反方向的电场E'。它的电场线用虚线表示（如图10-7b），这个电场与外电场叠加，使导体内部的电场减弱。但是，只要导体内部的场强不为零，自由电子在电场力的作用下就继续移动，导体两面的正负电荷就继续增加，导体内部的电场就进一步削弱(weaken)，直到导体内部各点的合场强都等于零时为止。这时，导体内的自由电子不再做定向移动（如图10-7c）。

导体中（包括表面）没有电荷的定向移动的状态，叫做静电平衡状态(A conductor is said to be in electrostatic equilibrium if there is no net flow of charge either in the interior or on the surface of the conductor)。

处于静电平衡状态的导体，内部的场强处处为零(The electric field within a conductor in electrostatic equilibrium is zero)。

把个实心导体挖空，变成一个导体壳(hollow conductor)。在静电平衡状态下，壳内的场强仍处处为零。这样，导体壳就可以保护它所包围的区域，使这个区域不受外部电场的影响(leaving the inner surface neutral and the cavity field-free)，这种现象叫做静电屏蔽(electrostatic shielding)。实际上，金属网罩就可以起到导体壳的作用，常用来保护电子仪器和电学设备。

第四节　电势差与电势

Electric potential difference and electric potential

前面我们从电荷在电场中受到的力的作用出发，研究了电场的性质，以下我们将从做功和能量的角度来研究电场的性质。

1 电势差与电势

The electric potential difference and the electric potential

我们知道，物体在重力作用下从高处向低处移动时，重力做功。对于同一个物体，高度差越大，重力做功越多。与此类似，电荷在电场中移动时，电场力做功，同一个电荷从一点移动到另一点时，电场力做功越多，就说这两点间的电势差越大。

电荷q在电场中由一点a移动到另一点b时，电场力所做的功W_{ab}与电荷量q的比值W_{ab}/q，叫做a、b两点间的电势差 (The ratio of work done by the electrostatic force in moving a charge q from point a to point b to the amount of charge q is called the electric potential difference across ab)。用U_{ab}表示电势差，即：

$$U_{ab} = W_{ab}/q$$

可以证明，电场力所做的功W_{ab}跟移动电荷的路径无关。所以，电势差U_{ab}也跟移动电荷的路径无关，只跟a、b两点的位置有关。电势差U_{ab}跟电荷量q无关，只跟a、b两点的位置有关，这表示电势差这个物理量反映了电场本身的性质。

如果取q为单位正电荷，上式中的U_{ab}在数值上等于W_{ab}。可见，a、b两点间的电势差U_{ab}在数值上等于单位正电荷由a点移动到b点时电场力所做的功W_{ab}。

在国际单位制中，电势差的单位是伏特，简称伏，国际符号是V。如果电量为1C的正电荷在电场中由一点移到另一点，电场力所做的功为1J，这两点间的电势差就是1V。即：1V=1J/C。

我们通常说室内吊灯的高度为2米，是选择了室内地面作为参考平面，取参考平面的高度为零，把室内吊灯与室内地面的高度差作为吊灯的高度。类似地，如果在电场中选择某一参考点，也可以由电势差定义电场中各点的电势。

选择电场中的o点作为参考点(reference point)，取参考点的电势为零。设a、o两点的电势差U_{ao}，我们定义a点的电势U_a为：

$$U_a = U_{ao}$$

电场中某点的电势在数值上等于单位正电荷由该点移至参考点（零势能点）时电场力所做的功。

电势的单位与电势差的单位相同，都是伏特(Volt)，简称伏，符号是V。参考点的选取是任意的，选取原则是便于研究问题。在实际应用中，通常选取大地的电势为零。在图10-8所示的电场中，取C点为零势能点，1C的正电荷由A、B、D三点移动到C点时，电场力所做的功分别是15J，5J，-3J，这三点的电势就分别是U_a=15V，U_b=5V，U_d=-3V。

有了电势的概念，就可以用电势的差值来表示电势差。在图10-8中，A、B两点的电势差U_{ab}=U_a-U_b=15V-5V=10V，而D、A两点的电势差U_{da}=U_d-U_a=-3V-15V=-18V。

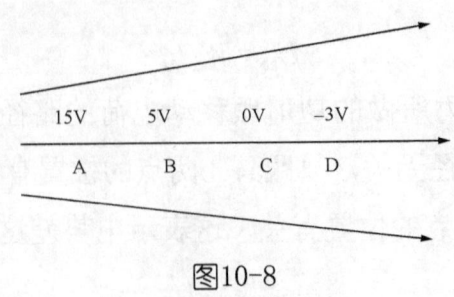

图10-8

应该注意的是：电场力所做的功可以是正值或负值，所以两点间的电势差也可以是正值或负值。有时人们只关心两点间电势差的大小，不区分U_{ab}和U_{ba}，统一将电势差取正值，U_{ab}或U_{ba}都简写成U。这时电势差也叫做电压(voltage)。

2 电场力做功和电势能
Work done by the electric force and the electric potential energy

在电场中，我们可以根据电场线的方向判断电势的高低。沿着电场线的方向将单位正电荷由a点移至b点，电场力做正功，$U_{ab}>0$，即$U_a>U_b$。这就是说，沿着电场线的方向，电势越来越低(The electric potential of an electric field decreases in the direction of field lines)。

与物体在重力场中具有重力势能类似，电荷在电场中有电势能(electric potential energy)。重力对物体做的功与物体的重力势能改变量有相等的数值，电场力对电荷做的功与电荷的电势能的改变量也相等(The change of the electric potential energy equals the work done by the electric force on the moving charge)。如果电场力做正功，电势能就减小；电场力做负功，电势能就增大。电场力做功的过程就是电势能和其他形式能相互转化的过程。

【例4】 在电场中把一个电量为$6×10^{-6}$C的负电荷从A点移到B点，反抗电场力做功 $3×10^{-5}$J，再将电荷从B移到C点，电场力做功$1.2×10^{-5}$J，分别求A与B，B与C，A与C的两点间电势差。

[分析] 电荷从A移到B时，反抗电场力做功，表示电场力做负功，相当于在重力场中把物体举高反抗重力做功，因此$W_{AB}=-3×10^{-5}$J。电荷从B移到C，$W_{BC}=1.2×10^{-5}$J。

[解] 根据电荷移动时电场力的功和电势差的关系，得

$$U_{AB}=\frac{W_{AB}}{q}=\frac{-3×10^{-5}}{-6×10^{-6}}V=5V$$

$$U_{BC}=\frac{W_{AB}}{q}=\frac{1.2×10^{-5}}{-6×10^{-6}}V=-2V$$

$$U_{AC} = U_{AB} + U_{BC} = 5V + (-2V) = 3V$$

［说明］

（1）电势差定义式为$U = W/q$中的W，必须是电场力做的功：

（2）公式中W、q、U均可以有正负。

3　等势面
Equipotential surface

在地图中人们常用等高线来表示地形的高低，与此相似，在电场中常用等势面来表示电势的高低。<u>电场中电势相同的各点构成的面叫等势面</u>(An equipotential surface is the locus of points having the same electrostatic potential)。在同一等势面上的任何两点间的电势差为零，所以在同一等势面上移动电荷时电场力不做功。

<u>等势面一定跟电场线垂直</u>(The equipotential surface is everywhere perpendicular to the field lines)，即跟场强的方向垂直。这是因为，假如不垂直，场强就有一个沿着等势面的分量，在等势面上移动电荷时电场力就要做功，而这与等势面的定义矛盾。

沿着电场线的方向电势越来越低，所以电场线不但跟等势面垂直，而且总是由电势高的等势面指向电势低的等势面。

图10-9和图10-10是几种常见的电场中的等势面（图中用实线表示等势面，虚线表示电场线）。图中任何两个相邻的等势面间的电势差都相等。

前面提到过，处于静电平衡状态的导体，内部的场强为零，在任意两点间移动电荷都不做功，所以任意两点间的电势差为零。整个导体是个<u>等势体</u>(equipotential body)，导体表面是个等势面。

图10-9a

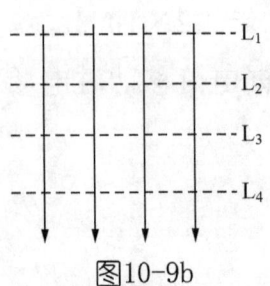

图10-9b

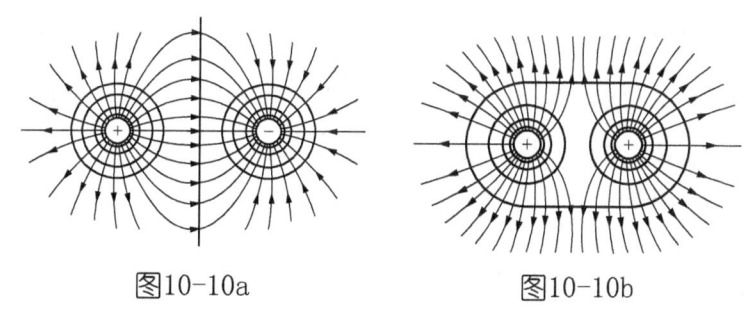

图10-10a   图10-10b

实际中测定电势比测定场强容易，所以常通过等势面研究电场分布。先绘出等势面的形状和分布，再根据电场线与等势面互相垂直，绘出电场线的分布，就可以知道电场的分布情况了。设计电子仪器（如示波器、电子显微镜等）中电极的形状、大小和相互位置时，都需要经过实验测绘出等势面的形状和分布，推知电极所产生的电场的情况，以便确定符合实际要求的设计方案。

4 匀强电场中电势差与电场强度的关系
Relation between the electric potential difference and field intensity in a uniform field

电场强度是跟电场对电荷的作用力相联系的，电势差是跟电场力移动电荷做的功相联系的。正如力和功的联系一样，电场强度和电势差也是有联系的。我们以匀强电场为例来研究它们的关系。

图10-11表示某一匀强电场的等势面和电场线。设A、B间的距离为d，电势差为U，电场强度为E。把正电荷q从A移动到B，电场力做的功$W = Fd = qEd$，而$W = qU$，因此我们可以得到：

$$U = Ed$$

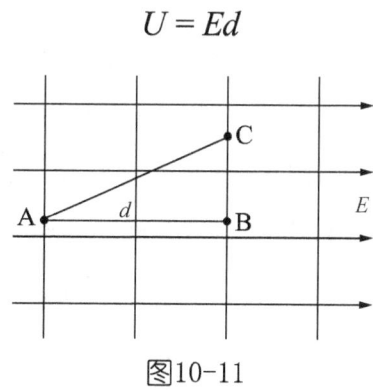

图10-11

这就是说，在匀强电场中，沿电场强度方向的两点间的电势差等于电场强度和这两点间距离的乘积。把上式改写为：

$$E = U/d$$

这个等式说明，在匀强电场中，电场强度在数值上等于沿电场强度方向上每单位距离上的电势差(The electric field intensity in a uniform field equals the potential difference per unit length along the direction of the field)。由此我们可以得到电场强度的另一个单位：V/m 。

$$1V/m = 1J/Cm = 1Nm/Cm = 1N/C$$

如果图10-11中，d不是垂直于等势面的，由于电场力做功与路径无关，我们可以将它分解为A-B和B-C两步，而B-C在同一个等势面上电场力不做功，所以这种情况化为d垂直于等势面的情况。可以看出，沿着垂直于等势面的方向，即电场线方向，电势下降最快(Qualitatively, the direction of E is the direction in which the potential drops most rapidly)。

第五节 电容

Capacitance

1 电容器

Capacitor

电容器是电气设备中的一个重要元件，在电子和电工技术中有很重要的应用。两个平行金属板中间夹上一层绝缘物质（也叫电介质）就组成一个最简单的电容器，可称为平行板电容器(parallel-plate capacitor)。两个金属板叫做电容器的两个极。实际上，任何两个彼此绝缘又相隔很近的导体，都可以看做是一个电容器(A combination of any two adjacent conductors separated by a vacuum or an insulator is called a capacitor or a condenser)。

电容器可以容纳(store)电荷。如图10-12a所示，把电容器的一个极板跟电池(battery)的正极相连，另一个极板和电池组的负极相连，两个极板就分别带上了等量的异种电荷，这个过程叫充电(charging)。充电后，切断极板与电池组的联系，两个极板上就都保存有电荷，两个极板间就形成电场，这样充电过程中从电池组获得的电能储存在电场中，称为电场能(electrostatic energy)。

如图10-12b所示，把充电后的电容器的两个相连接通，两个极板上的电荷互相中和，电容器就不再带电，这个过程叫放电(discharging)。放电后两个极板间就不存在电场，电场能转化成其他形式的能。

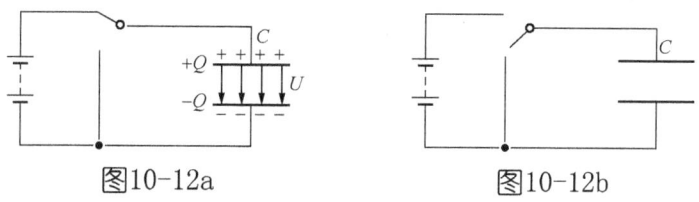

图10-12a   图10-12b

2 电容
Capacitance

电容器带电时两极之间产生电势差，这个电势差与电容器所带的电容量有关。这里说的<u>电容器的带电量，是指每个极板所带电荷量的绝对值</u>(The absolute value of the charge carried by either plate is called the charge on the capacitor)。实验表明，<u>对任何一个电容器来说，两极间的电势差U都随所带电量Q的增加而增加，比值Q/U是一个常量。不同的电容器，这个比值一般是不同的，它表征了电容器储存电荷的本领。</u>(For a given capacitor, the charge Q is proportional to the potential difference across the plates, so Q/U is a constant. This constant is different for different capacitors. It characterizes a capacitor.)

电容器所带的电量Q跟它的两极间的电势差U的比值，叫做<u>电容器的电容</u>(the capacitance of the capacitor)。用C表示电容，则有：

$$C = Q/U$$

上式表示，电容器的电容在数值上等于两极板间的电势差为1V时电容器需要带的电荷量。可见，电容是表示电容器容纳电荷本领的物理量。

在国际单位制中，电容的单位是<u>法拉</u>(Farad)，简称法，符号是F。一个电容器，如果带1C的电量时两极间的电势差是1V，这个电容器的电容就是1F。实际中常用较小的单位：微法(μF)和皮法(pF)。

$$1F=10^6 \mu F = 10^{12}pF。$$

平行板电容器的电容跟两极板的正对面积S和两极板间的距离d有关。

电容器极板间充满某种电介质时电容增大到的倍数叫做这种电介质的介电常量，用ε表示。

If the space between the plates is filled with an insulator (also called dielectric), the capacitance is increased by a factor ε that depends on the nature of the dielectric material.

理论和实验都表明，平行板电容器的电容C，跟介电常量$ε$成正比，跟极板正对面积S成正比，跟极板的距离d成反比，即：

$$C = εS/4πkd$$

公式中的k为静电力常量。由此可见，电容器的电容一般是由两个导体的大小和形状、两个导体的相对位置以及它们之间的电介质决定的。

第六节　带电粒子在匀强电场中的运动

Motion of charged particles in a uniform field

带电粒子在电场中受到电场力的作用，产生加速度，速度的大小和方向都可以发生变化。在现代科学实验和技术设备中，常常利用电场来改变或控制带电粒子的运动。下面我们讨论两种最简单的情况：一是利用电场使带电粒子加速，一是利用电场使带电粒子偏转。

1 带电粒子的加速

Acceleration of charged particles

如图10-13所示，在真空中有一对平行金属板，两板间加以电压U。有一带正电荷q的带电粒子在电场力的作用下，由静止开始从正极板向负极板运动，我们来计算它到达负极板时的速度。

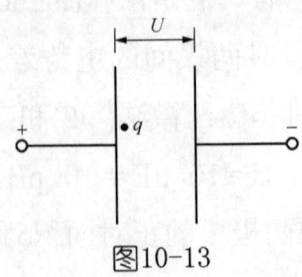

图10-13

带电粒子在运动过程中，电场力所做的功 $W = qU$。设带电粒子到达负极板时的动能 $E_k = 1/2mv^2$，由动能定理可知，$qU = 1/2mv^2$，可以得出：

$$v = (2qU/m)^{1/2}$$

【例5】实验表明，炽热的金属丝可以发射电子。如下图示，在炽热金属丝和金属板间所加的电压 $U = 2500V$，从金属丝发射出的电子流在这空中被加速后，从金属板的小孔穿出。求穿出后的速度 v。设电子初始速度为0。已知电子质量 m 约为 9.1×10^{-31} kg，电子的电量 q 约为 1.6×10^{-19} C。

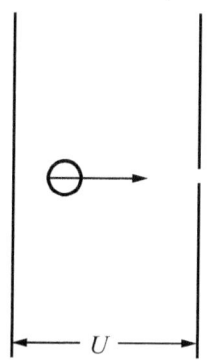

［分析］ 金属丝和金属板间的电场虽然不是匀强电场，但仍可用公式 $v = (2qU/m)^{1/2}$。

［解］由电场力做功和动能变化的关系

$$qU = 1/2mv^2 - 0$$

得电子加速后的速度为：

$$v = (2qU/m)^{1/2} \approx 3.0 \times 10^7 \text{m/s}$$

复习题

1. 关于电场强度，正确的是（　　　）

   A. 电场强度的大小与检验电荷的电量成反比

   B. 电场强度的方向与检验电荷的正负有关

   C. 电场强度大的地方电场线密

   D. 进入电场的电荷受力方向就是场强的方向

2. 由电场强度的定义式 $E = F/q$ 可知（　　　）

   A. E 和 F 成正比，F 越大 E 越大

   B. E 和 q 成正比，q 越大 E 越小

   C. E 的方向与 F 的方向相同

   D. E 的大小可由 F/q 确定

3. 静电平衡时，导体内部可以不等于零的量是（　　　）

   A. 电量　　　B. 场强　　　C. 电势　　　D. 电势差

4. 下列说法中正确的是（　　　）

   A. 电场线相互平行的电场一定匀强电场

   B. 在电场中将电荷从a点移到b点，如果电场力做功等于零，则a、b两点的场强大小必相等

   C. 从高电势指向低电势的方向，不一定就是场强方向

   D. 在电场中，只在电场力作用下，使电荷沿电场线运动，这样的电场只能是匀强电场

5. 如图所示，在 $E=500V/m$ 的匀强电场中，a、b两点相距 $d=2cm$，它们的连线跟场强方向的夹角是 $60°$，则 U_{ab} 等于（　　　）

   A. 5V　　　B. 10V　　　C. −5V　　　D. −10V

6. 关于电势、电势差和电势能的关系，正确的是（　　）

    A. 电荷在某点的电势能越大，该点的电势越高

    B. 在电场中的两点之间移动电荷，电场力做功越多，这两点的电势差越大

    C. 由于电势零点的选取是任意的，所以电场中两点间的电势差也是不确定的

    D. 电场中A点电势比B点高1V，则电量为10^{-2}C的正电荷从A移到B电势能减少了10^{-2}J

7. 两块平行金属板带等量的异种电荷，要使两板间电压加倍，而板间的场强减半，采用的办法有（　　）

    A. 两板的电量加倍，而距离变为原来的4倍

    B. 两板的电量加倍，而距离变为原来的2倍

    C. 两板的电量减半，而距离变为原来的4倍

    D. 两板的电量减半，而距离变为原来的2倍

8. 在真空中，两个异种等量点电荷带电量均为q，相距为r，则两点电荷连线中点的电场强度大小为（　　）

    A. 0   B. $2kq/r^2$ C. $4kq/r^2$ D. $8kq/r^2$

9. 如图所示，某电场中的一条电场线，电场线上的a、b两点相距为d，则（　　）

    A. a点场强一定大于b点场强

    B. 任意电荷在a点的电势能一定大于在b点的电势能

    C. a、b两点间电势差一定等于$E \cdot d$（E为a点场强）

    D. a、b两点间电势差在数值上等于单位正电荷由a点沿任意路径移到b点的过程中电场力做的功

10. 固定的A、B两个点电荷都带同种电荷，相距为r，今把点电荷C放在A、B连线上距A为$r/2$处，C恰好处于平衡状态，则A、B两点上电荷所带电量之比为多少？

11. 一电容器，当其两极板间电压由20V增大到50V的过程中，所带电量增加了6×10^{-5}C，则此电容器的电容为多少？

12. 在电场中，A点的电场强度为$5×10^3$N/C，那么电量为$6×10^{-9}$C的电荷在A点所受电场力多大？如果电荷的电量减小为$3×10^{-9}$C，则A点的电场强度是多大？

13. 有一带电量为$-3×10^{-6}$C的点电荷，从电场中的A点移到B点，电场力做负功为$6×10^{-4}$J；从B点移到C点，电场力做正功$9×10^{-4}$J。求AB、BC、CA间的电势差各为多少。

14. 如图所示，竖直向上的匀强电场E中有一轻质细杆长L，中间固定在O点，两端分别有带等量异种电荷的小球A和B，A球质量$2m$，B球质量m，求：

（1）为使杆在水平位置保持静止，则A球和B球所带电量和电性；

（2）如设法把B球所带电量中和，从水平位置释放，则棒转到竖直位置时A球速度多大？

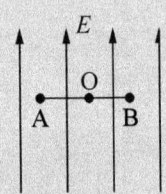

11 直流电路
Direct Current Circuit

在这一章将学习关于恒定电流的知识。欧姆定律和串并联电路是本章的重点，它们是分析和解决直流电路问题的基础。

第一节　电流　欧姆定律
Electric circuit and Ohm's law

1　电流　电流强度
Electric current and current intensity

在电路中，电荷的定向移动形成电流。这就要求要有能自由移动的电荷——自由电荷(free charge)，还要求这些电荷作定向移动。金属中的自由电子(free electron)，电解质溶液（酸、碱、盐的溶液）中的正、负离子，都是自由电荷。下面我们来分析自由电荷作定向移动的条件。

当导体中没有电场时，导体中有大量的自由电荷像气体中的分子一样，不停地作着无规则的热运动，朝各个方向运动的几率(possibility)都一样。从宏观角度来看，导体中的自由电荷没有发生规则的定向运动，因而不能形成电流（如图11-1a）。

给导体两端加上电压，如接在电源的正负极上，导体两端之间就形成了电场。导体中的自由电荷在电场力的作用下，正电荷从电势高的一端向电势低的一端移动，负电荷则从电势低的一端移动到电势高的一端，从而发生定向移动，形成电流（如图11-1b）。

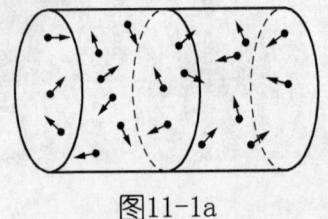
图11-1a

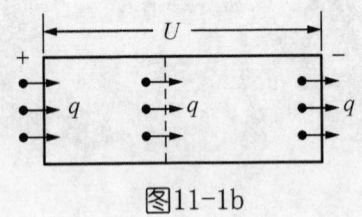
图11-1b

导体中产生电流的条件是：导体两端存在电势差(For a current to flow, there must be a potential difference across the terminals of a conductor)。电源(power supply)的作用就是保持导体两端的电势差，使电路中有持续的电流。

因此，电流产生的条件为：

（1）导体内有大量自由电荷（金属导体——自由电子；电解质溶液——正负离子；导电气体——正负离子和电子）；

（2）导体两端存在电势差。

导体中的电流可以是正电荷的定向移动，也可以是负电荷的定向移动。我们习惯上规定正电荷的定向移动方向为电流的方向(The direction of a current, for historic reasons, is defined as the direction in which positive charges move under the action of an applied potential difference)。在金属中，自由电子是负电荷，它定向移动的方向与金属中的电流方向相反；在电解质溶液中，正离子定向移动的方向就是电流方向，负离子定向移动的方向与之相反。由于正电荷在电场力的作用下是从电势高处向电势低处移动，所以导体中电流的方向是从电势高的一端流向电势低的一端。

电流有强有弱，电流的强弱用电流强度来表示：

通过导体横截面的电荷量q跟通过这些电荷量所用的时间t的比值，叫做电流强度。

The current intensity is the charge passing through the cross-section of a current-carrying conductor per unit time.

电流强度简称电流。用I表示电流，有：

$$I = q/t$$

在国际单位制中，电流的单位是安培，简称安，国际符号是A。如果1s内通过导体横截面的电量是1C，导体中的电流就是1A。常用的电流单位还有毫安(mA)，微安(μA)：

$$1mA=10^{-3}A$$

$$1\mu A=10^{-6}A$$

【例1】如图所示的电解池内，通电2s，有电量均为3C的正、负电荷分别通过截面AB，求电路中的电流。

［分析］电流定义式中的q为通过导体横截面的电量。在电解液中，定向移动的有正、负离子，和金属导体中只有自由电子定向移动的情况不同。

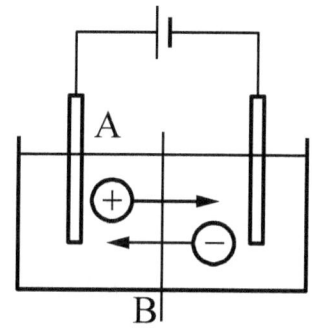

因此$I = q/t$中，q应为通过导体截面的电量的总和。

$$I = (q + q)/t =(3 + 3)/2 = 3A$$

应该注意的是，电流有方向但电流强度不是矢量。方向不随时间而改变的电流叫做直流电(direct current)；方向和强弱都不随时间而改变的电流叫做恒定电流(constant current)。通常所说的直流常指恒定电流。

2 欧姆定律 电阻
Ohm's law and resistance

上面提到电流的产生必须使导体两端有电势差，它们数值的大小之间是否也有关系呢？德国物理学家欧姆(Georg Simon Ohm, 1787~1854)通过实验研究得出结论：导体中的电流I跟导体两端的电势差U成正比，即$I \propto U$。通常把这个关系写成：

$$U/I = R$$

公式中R是电势差与电流的比值。实验表明，对同一个导体来说，不管电压和电流的大小如何变化，比值R都是恒定的。对不同的导体来说，

R的数值一般是不同的。这说明R是一个跟导体本身有关的量。R越大，在同一电势差下，通过导体的电流就越小。可见，比值R反映出导体对电流的阻碍作用，叫做导体的电阻。

上面的公式可以写成：

$$I = U/R$$

这个公式表示：

导体中的电流I跟导体两端的电势差U成正比，跟导体的电阻R成反比。

The current through an ohmic conductor is directly proportional to the potential difference across it, and is inversely proportional to its resistance.

这就是欧姆定律(Ohm's law)。

电阻的单位是欧姆(Ohm)，简称欧，符号是Ω。$1\,\Omega = 1V/A$。常用的电阻单位还有$k\Omega$和$M\Omega$。

【例2】当电阻两端的电压变为原来的1/2时，流过电阻的电流减少0.5A，则当电阻两端电压增为原来的2倍时，流过电阻的电流多大？

[分析] 通常可认为电阻一定，根据欧姆定律，通过电阻的电流与其两端的电压成正比，可用比例法解得。

[解] 设电阻为R，原来两端的电压为U，通过电阻的电流为I。

$$I = U/R \qquad （1）$$

当电阻两端电压变为$U_1 = 1/2U$时，通过电阻的电流变为

$$I_1 = I - 0.5$$

根据欧姆定律$I = U/R$得：

$$I - 0.5 = 1/2U/R \qquad （2）$$

当电阻两端电压变为$U_2 = 2U$时，设通过电阻的电流变为I_2，同理，得

$$I_2 = 2U/R \qquad （3）$$

通过（1）、（2）、（3）可以解得：　　　$I_2 = 2I = 2A$

欧姆定律是在金属导体的实验基础上总结出来的，对于其他导体是否适用，要经过实验去验证。实验表明，除金属外，欧姆定律对电解液也适用，但对气态导体和某些导电器件并不适用。

导体的电流与电压的关系若通过图线来表示，用纵轴表示I，用横轴

表示U，这种$U-I$图线(voltage-current graph)叫做导体的伏安特性曲线($U-I$ characteristic curve of a conductor)。在金属导体中，电流跟电压成正比，伏安特性曲线是通过坐标原点的直线，如图11-2所示。图中直线的斜率等于导体电阻的倒数，线1的斜率大于线2，所以$R_1<R_2$。具有直线伏安特性曲线的电学元件叫线性元件(linear element)；若伏安特性曲线不是直线，这种电学元件叫做非线性元件(nonlinear element)。

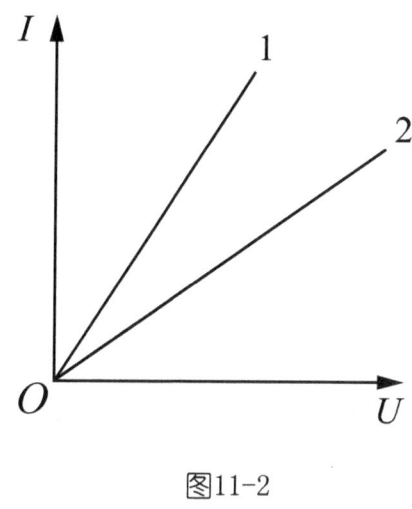

图11-2

3 电阻定律 电阻率
Law of resistance and electrical resistivity

导体的电阻由导体本身决定的。下面我们讨论影响导体电阻大小的因素。

在如图11-3所示的电路中，保持BC间的电压不变，分别进行两组实验。

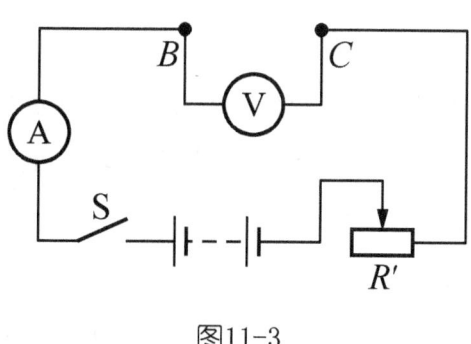

图11-3

①BC间接入同种材料制成的粗细相同，但长度不相同的导线。

实验发现接入导线越长，电路中电流越小。通过计算表明：对同种材料制成的横截面积相同的导线，电阻大小跟导线的长度成正比。

②BC间接入同种材料制成的长度相同，但粗细不相同的导线。

实验发现导线越粗，电路中的电流越大。通过计算表明：对同种材料制成的长度相同的导线，电阻大小跟导线的横截面种成反比。

实验表明，用同一种材料制成的横截面积相等而长度不等的导体，电阻跟导体的长度成正比；长度相等而横截面积不等的导体，电阻跟导体的横截面积成反比。

导体的电阻R跟它的长度l成正比，跟它的横截面积S成反比。

The resistance of a conductor of a uniform cross-section is directly proportional to its length l, and inversely proportional to its cross-sectional area S.

这就是电阻定律，即：

$$R = \rho l / S$$

公式中的比例系数ρ跟导体的材料有关系，是一个反映材料导电性能的物理量。当我们换用不同材料的导线重做上述实验时会发现不同材料的ρ值是不相同的，它叫做材料的电阻率(electrical resistivity)。ρ的单位是欧姆·米，简称欧·米，符号是$\Omega \cdot m$。

【例3】把电阻是$1\,\Omega$的一根金属丝拉长为原来的2倍，问：电阻变为多大？

[分析] 金属丝拉长为原来的2倍，而金属丝的体积不变，横截面积变小，据$R=\rho l/S$和$V=lS$可得$R=\rho l^2/V$，则电阻大小为原来的4倍。

[说明] 导线被拉长或对折时，除导线的长度变化外，导线的横截面积也随之变化。常用公式$R=\rho l/S=\rho l^2/V$求解。

各种金属导体的电阻率相比较，纯金属的电阻率小，合金的电阻率较大。它们各有用途，电阻率较小的铜或铝被用来制作连接电路用的导线，电阻率较大的合金被用来制作电炉、电阻器的电阻丝。各种材料的电阻率都随温度而变化。金属的电阻率随温度升高而增大。可以根据金属的这种性质制作电阻温度计。目前，人们对某些物质在低温下电阻变为零的现象很感兴趣，这就是超导现象。

4 电功　焦耳定律
Work done by electric force and Joule's law

电流通过一段电路时，自由电荷在电场力作用下发生定向移动，电场力对自由电荷做功。设一段电路两端的电势差为U，通过的电流为I。在时间t内通过这段电路任一横截面的电量q，如图11-4所示，这相当于在时间t内将电荷q由这段电路的一端移动到另一端。电场力做功$W=qU$，由于$q=It$，所以：

$$W=UIt$$

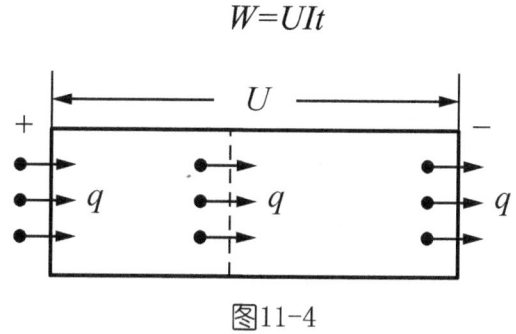

图11-4

在一段电路上电场力所做的功(the work done by an electric force in moving a charge q through a circuit)，就是通常所说的电流所做的功，简称电功。根据上式，电流在一段电路上所做的功W，等于这段电路两端的电压U、电路中的电流I和通电时间t三者的乘积。

单位时间内电流所做的功叫做电功率(electric power)。用P表示电功率：

$$P = W/t = UI$$

上式表示，一段电路上的电功率P，等于这段电路两端的电压U和电路中电流I的乘积。电功W和电功率P的国际单位分别是焦耳和瓦特，符号是J和w。

电场力对电荷做功的过程，就是电能转化为其他形式能量的过程。在真空中，若电场力做正功，正电荷被加速，减少的电势能转化为电荷的动能。而在电阻元件中电能的转化情况和在真空中有所不同。在金属导体中，除了自由电子还有金属正离子。在电场力的作用下作加速定向移动的自由电子频繁地与金属正离子碰撞，将定向移动的动能传给离子，使离子的热运动加剧。平均起来看，可以认为大量自由电子以某一速率作定向移动。在电阻元件中，通过自由电子与离子的碰撞，电能完全转化为内能。

如果在一段电路中只有电阻元件（如图11-5a），电场力在这段电路中所做的功W等于电流通过这段电路时所发的热量Q(In a purely resistive circuit, the work done by the electric force is completely converted into heat)。即：

$$Q = W = UIt$$

由欧姆定律$U = IR$，热量Q的表达式可写成

$$Q = I^2Rt$$

这个关系最初是由物理学家焦耳由实验直接得到的，称为焦耳定律(Joule's law)。单位时间内发热的功率$P = Q/t = I^2R$。

应当注意的是，电功率和热功率只有在纯电阻电路中才相等，因为此时电能完全转化为内能。若电炉中还有电动机、电解槽等电器（如图11-5b）时，电能要一部分转化为机械能、化学能等，此时电功率要大于热功率。

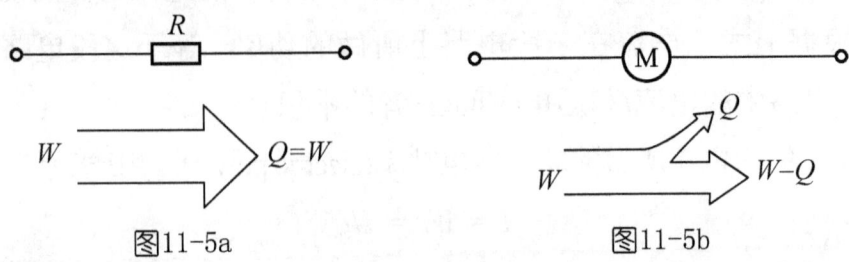

图11-5a　　　　　　　　图11-5b

第二节　串联电路　并联电路

Series and parallel circuits

把几个电阻或电学元件一个接一个地连接起来，这种连接方式叫做串联(series connection)。图11-6是由三个电阻组成的串联电路。在串联电路中，电流只能沿着一条通路流过各个电阻，所以串联电路中各处的电流相同(The current is the same through each resistor)。

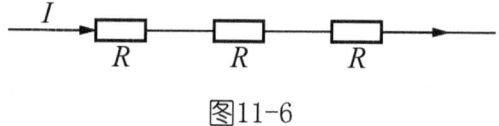

图11-6

电流通过串联电路的各个电阻时，沿电流方向每通过一个电阻，电势要降低一个数值，因此电阻两端的电压又叫电势降。串联电路两端的电压等于各电阻两端的电压之和。设串联电路有n个电阻，则：

$$U = U_1 + U_2 + ... + U_n$$

根据欧姆定律，每个电阻两端的电压$U = IR$，

$$U = I(R_1 + R_2 + ... + R_n)$$

由此我们得出串联电路的总电阻$R = U/I = R_1 + R_2 + ... + R_n$，即串联电路的总电阻等于各电阻之和(When resistors are connected in series, their combined resistance equals the individual resistances added together)。

从$U/R = I$和$P = I^2R$，我们可以得出以下结论：串联电路中电压分配与电阻成正比，串联电路中功率的分配与电阻成正比(In a series connection, the voltage and the electric power are divided among the resistors in direct proportion to the resistance)。串联电阻可以分担一部分电压，用来分压的电阻称为分压电阻(voltage divider)。

【例4】一盏弧光灯的额定电压是40V，正常工作时的电流是5A，如何把它接入电压恒为220V的照明线路上才能正常工作？

［分析］由于电源电压大于弧光灯的额定电压，为了使它正常工作，可采用串联分压的办法。

［解］弧光灯的额定电压$U_1 = 40V$，设其电阻为R_1，需串联的电阻为R_2，电源电压$U = 220V$，电路如图所示：

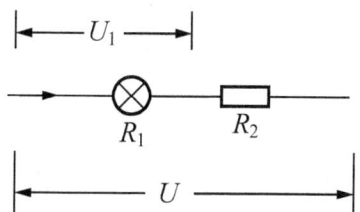

由串联电阻上分配到的电压U_2，根据串联分压得：

$$\frac{U_1}{U_2} = \frac{R_1}{R_2} , \quad 即 \frac{U_1}{U - U_1} = \frac{R_1}{R_2}$$

$$R_2 = \frac{U - U_1}{U_1} R_1 = \frac{220 - 40}{40} \times 8\Omega = 36\Omega$$

把几个电阻或电学元件并列地连接起来，这种连接方式叫做并联(parallel connection)。图11-7是由三个电阻组成的并联电路。在并联电路中，每个电阻两端的电压都等于两个公共接点之间的电势差，并联电路各支路两端的电压相同(Each branch resistor has the same voltage across it in a parallel circuit)。

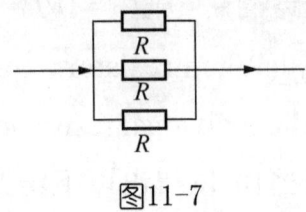

图11-7

实验表明，流入点的电流I等于从该点流出的电流I_1、I_2、I_3之和，即并联电路干路中的电流等于各支路的电流之和(The current I through the main circuit equals the sum of the currents through the branches)。设并联电路有n个支路，则有：

$$I = I_1 + I_2 + ... + I_n$$

根据欧姆定律，我们可以得到

$$I = U(1/R_1 + 1/R_2 + \cdots + 1/R_n)$$

由此我们得到并联电路的总电阻R满足$1/R = I/U = 1/R_1 + 1/R_2 + \cdots + 1/R_n$，即并联电路总电阻的倒数等于各电阻倒数之和。$1/R > 1/R_i (i = 1, 2, \cdots n)$，所以总电阻比任一支路中的电阻都要小。

从$IR = U$和$P = U^2/R$，我们可以得出以下结论：并联的电路各支路中电流的分配与电阻成反比，并联电路中功率的分配与电阻成反比(The current and the electric power are divided among the branches in inverse proportion to the resistance)。并联电阻可以分担一部分电流，称为分流电阻(shunt resistor)。

【例5】如图所示电路，$R_1 = 2\Omega$，$R_2 = 3\Omega$，$R_3 = 4\Omega$。

（1）如已知流过电阻R_1的电流$I_1 = 3A$，则干路电流多大？

（2）如果已知干路电流$I = 3A$，流过每个电阻的电流多大？

［分析］（1）由I_1、R_1可算出并联电路的电压，即可算出I_2、I_3，总电流为$I = I_1 + I_2 + I_3$

（2）先可算出并联总电阻R，由I与R的反比关系可算出每个电阻的电流，但必须注意，不要根据并联电路上电流与电阻成反比，把这三个电阻中电流的关系错写成：

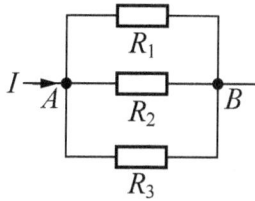

$$I_1 : I_2 : I_3 = R_3 : R_2 : R_1$$

［解］（1）并联电路的电压

$$U = I_1 R_1 = 3 \times 2 = 6V$$

流过电阻R_2、R_3的电流分别为：

$$I_2 = U/R_2 = 6/3 = 2A$$

$$I_3 = U/R_3 = 6/4 = 1.5A$$

所以干路电流为：

$$I = I_1 + I_2 + I_3 = (3+2+1.5) = 6.5A$$

（2）设并联电路总电阻为R，则：

$$1/R = 1/R_1 + 1/R_2 + 1/R_3 = 1/2 + 1/3 + 1/4 = 26/24$$

解得：　　　　　　$R = 12/13\ \Omega$

通过各个电阻的电流分别为：

$$I_1 = RI/R_1 = 1.39A$$

$$I_2 = RI/R_2 = 0.92A$$

$$I_3 = RI/R_3 = 0.69A$$

第三节　闭合电路的欧姆定律

Ohm's law for a complete circuit

1 闭合电路

A complete circuit

用导线把电源和用电器(electric appliance)连接起来，就组成了闭合电路（如图11-8）。

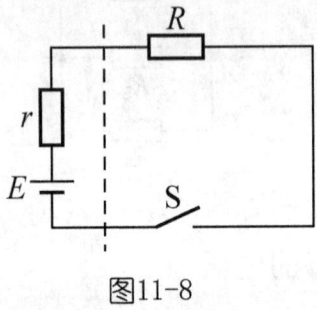

图11-8

这一节我们来研究闭合电路中电压、电流、功率等问题。为此，先介绍一个表征电源特性的物理量——电动势(electromotive force)。

电源有两个极，正极的电势高，负极的电势低，两极间存在电压。不同的电源两极间电压的大小不同，如：不接用电器时，干电池的电压约为1.5V，蓄电池的电压约为2V。不接用电器时，电源两极间电压的大小是由电源本身的性质决定的。为了表征电源的这种特性，物理学中引入电动势的概念：

电源的电动势等于电源没有接入电路时两极间的电压。

The electromotive force (EMF) of a source equals in magnitude with the voltage between its electrodes without any appliance.

电动势用符号E表示。电动势的单位与电压的单位相同，也是伏特。

闭合电路由两部分组成。一部分是电源外部的电路，叫做外电路(external circuit)，包括用电器和导线等。另一部分是电源内部的电路，叫做内电路(internal circuit)，如发电机的线圈、电池内的溶液等。外电路的电阻通常称为外电阻(external resistance)。内电路也有电阻，通常称为电源的内电阻(internal resistance)，简称内阻。

在外电路中，电流由电势高的一端流向电势低的一端，在外电阻上沿电流的方向有电势降$U_{外}$。内电阻也有电势降$U_{内}$。在电源内部，由负极到正极电势升高，升高的数值等于电源的电动势E。理论分析表明，在闭合电路中，电源内部电势升高的数值等于电路中电势降的数值，即：

$$E = U_{外} + U_{内}$$

外电路两端的电压$U_{外}$通常称为路端电压(terminal voltage)。若电源没有内电阻，则$U_{内}$为0，路端电压总等于电源的电动势，这样的电源称为理想电压源(ideal voltage source)。

2 闭合电路的欧姆定律
Ohm's law for a complete circuit

设闭合电路中电流为I，外电阻为R，内阻为r，则路端电压$U_{外} = IR$，$U_{内} = Ir$，我们得到：

$$E = IR + Ir$$

上式可以写成

$$I = E/(R + r)$$

这说明，闭合电路中的电流跟电源的电动势成正比，跟内、外电路中的电阻之和成反比。这个结论通常叫做闭合电路的欧姆定律。

从闭合电路欧姆定律可以得出：

$$U_{外} = E - Ir$$

就某个电源来说，E和r是一定的。当外电阻R增大时，电路中的I减小，从上式可以知道，路端电压增大。当外电阻R减小时，I增大，路端电压减小。当外电路开路时，电阻为无限大，I为0，此时的$U_{外} = E$。这就是说断路时的路端电压等于电源的电动势(The terminal voltage of an open-circuited cell equals its EMF)。当外电阻R等于0时，由欧姆定律知$I = E/r$，电流达到最大值，电源的内阻一般都较小，此时电流过大会烧毁电源。

路端电压$U_{外}$与电流I的关系曲线如图11-9所示。它反映出化学电源的特性，是一条向下倾斜的直线。直线的倾斜程度与电源的内阻有关，内阻越大，倾斜得越厉害；内阻越小，直线越平。当内阻趋于零时，直线趋于平行于横轴，这就是理想电源。

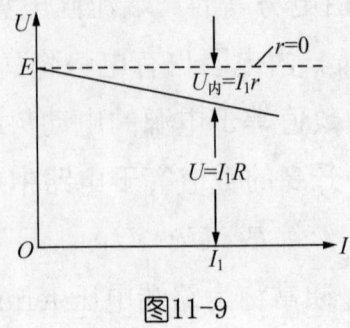

图11-9

在 $E = U + Ir = IR + Ir$ 的两端乘以电流 I，得到：

$$EI = UI + I^2r = I^2R + I^2r$$

上式中 UI 是电源向外电路中输出的电功率(power delivered to the external circuit)，I^2R 是外电阻上消耗的热功率，由于是纯电阻电路，热功率与电功率相等。I^2r 是内阻上消耗的热功率。EI 是单位时间内电源提供的电能(the energy provided per unit time)。电源提供的电能有一部分消耗在外电路上，转化为其他形式的能，另一部分消耗在内电阻上，转化为内能。从能量观点看，电动势越大，表示电源把其他形式的能转化为电能的本领越大。

由电源输出功率 $P_{输出} = I^2R$ 和闭合电路电流 $I = E/(R + r)$ 可知：

$$P_{输出} = E^2R / (R + r)^2$$

当 $R = r$ 时，$P_{输出}$ 取最大值 $E^2/4R$，即当外电路电阻等于内电路电阻时，电源在外电路上的输出功率最大。

【例6】如图所示，直线A为电源的 $U-I$ 图线，直线B为电阻 R 的 $U-I$ 图线，用该电源和电阻组成的闭合电路，电源输出功率和电路的总功率分别是多少？

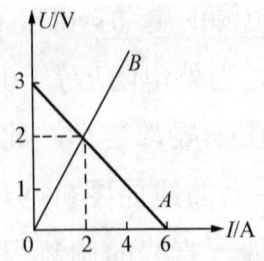

［解］方法1：由电源$U-I$图线可求：

$E = 3V$，$r = 3V/6A = 0.5\,\Omega$

由电阻的$U-I$图可求：$R = U/I = 1\,\Omega$

据闭合路电欧姆定律得：$I = E/(R+r) = 2A$

由功率的公式得：

$$P_{输出} = I^2R = 4W，\quad P_{总} = EI = 6W$$

方法2：通过图线$E = 3V$，图线A、B的交点的横坐标和纵坐标分别表示电路中的电流和路端电压，$I = 2A$，$U = 2V$，得：

$$P_{输出} = IU = 4W，\quad P_{总} = IE = 6W$$

◯ 复习题

1. 额定电压是220V，电阻是440Ω的灯泡，在正常工作时，180s内通过灯丝横截面的电量为（　　）

   A. 30C　　　B. 90C　　　C. 220C　　　D. 360C

2. 如图所示，电源内阻为r，定值电阻$R_0 = r$，可变电阻R的最大阻值为$2r$，当可变电阻的滑动触头向右滑动时，则（　　）

   A. 电源的路端电压由大到小

   B. 电阻R_0上的电压由小到大

   C. 电源内部电势降落由大到小

   D. 电源总功率由小到大

3. 一台电动机，额定电压是100V，电阻是1Ω。正常工作时，通过的电流为5A，则电动机因发热损失的功率为（　　）

   A. 500W　　　B. 25W　　　C. 2000W　　　D. 475W

4. 用阻值分别是$R_1 = 10Ω$、$R_2 = 20Ω$、$R_3 = 80Ω$的三只电阻，适当连接后可以得到26Ω的阻值，正确的连接方法是（　　）

   A. 将三只电阻串联　　　　　　　　B. 将三只电阻并联

   C. 先将R_1与R_2并联后再与R_3串联　　　D. 先将R_2与R_3并联后再与R_1串联

5. 如果人体的最小电阻为800Ω，已知通过人体的电流为50mA时，就会引起呼吸器官麻痹，不能自主摆脱电源，试求安全工作电压。

6. 在下图所示的电路中，$R_1 = 6Ω$，电键K闭合后，电路的总电流变为原来的2倍，通过R_1的电流变为原来的1/2，求电阻R_2及电池内电阻r的阻值。

12 磁场
Magnetic Field

像电现象一样，磁现象也与人类有着密切的联系。例如生活中离不开的电话、电视、发电机、电动机，现代科学研究中离不开的电流表、质谱仪、计算机、回旋加速器等，都跟磁现象有关。这是因为电现象和磁现象有着密不可分的联系。凡是用到电的地方，几乎都有磁相伴随。从本章开始，我们将学习有关磁现象以及电磁联系方面的知识。这一章我们学习两方面的知识：一是定量地描述磁场；二是定量地确定磁场对电流和运动电荷的作用。

第一节　磁场　安培定则
Magnetic field and Ampere's law

1　磁场
Magnetic field

把两个磁铁(magnet)的磁极(poles)靠近时，它们之间会产生相互作用的磁力(magnetic forces)：同名磁极互相推斥，异名磁极互相吸引(Like poles repel and unlike poles attract)。我们知道，两个电荷之间相互作用的电力，不是在电荷之间直接发生的，而是通过电场发生的。同样，磁极之间相互作用的磁力，也不是在磁极之间直接发生的，而是通过磁场发生的。磁铁在周围的空间里产生磁场，磁场对处在它里面的磁极有磁场力的作用。

磁铁并不是磁场的唯一来源。1820年，丹麦物理学家奥斯特(Hans Christian Oersted, 1777~1851)做过下面的实验：把一条导线平行地放在磁针

(magnetic needle)的下方。给导线通电，磁针就发生偏转，如图12-1。这说明不仅磁铁能产生磁场，电流也能产生磁场。

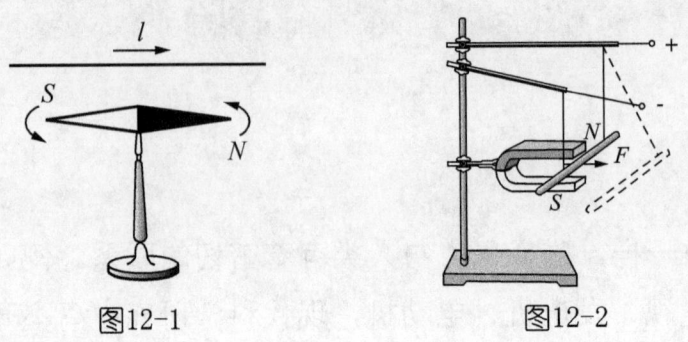

图12-1　　　　　　　　　图12-2

电流能够产生磁场，那么电流在磁场中又会怎样呢？图12-2的实验回答了这一问题，把一段直导线放在磁铁的磁场里。当导线中有电流通过时，可以看到导线因受力而发生运动。可见，磁场不仅对磁极产生磁场力的作用，对电流也产生力的作用。

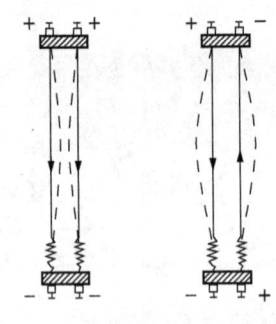

图12-3

电流能够产生磁场，而磁场对电流又有力的作用。那么电流和电流之间自然应该通过磁场发生作用。下面我们用实验验证这一设想，如图12-3所示。两条平行直导线，当通以相同方向的电流时，它们相互吸引；当通以相反方向的电流时，它们相互排斥(Forces are found to exist between two straight wires carrying currents, which attract when the currents are parallel and repel when they are anti-parallel)。这时每个电流都处在另一个电流的磁场里，因而受到磁场力的作用。也就是说，电流和电流之间，就像磁极和磁极之间一样，也会通过磁场发生相互作用。

综上所述，我们认识到，磁体或电流在其周围空间里会产生磁场，而磁场对处在它里面的磁极或电流有磁场力的作用。这样，我们对磁极和磁极之间、磁极和电流之间、电流和电流之间的相互作用获得了统一认识，所有这些相互作用那是通过磁场来传递的。

2 磁感线　安培定则
Lines of magnetic induction and Ampere's law

把小磁针放在磁体或电流的磁场中，小磁针因受磁场力的作用，它的两极静止时不一定指向南北方向(north-south orientation)，而指向另外某一个方向，如图12-4。在磁场中的不同点，小磁针静止时指的方向一般并不相同。这个事实说明，磁场是有方向的。

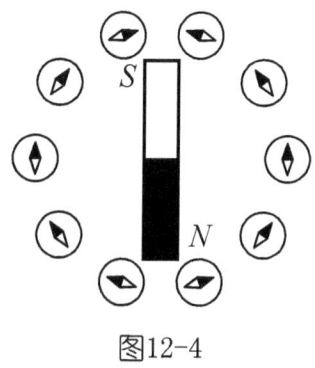

图12-4

物理学规定，在磁场中的任一点，小磁针北极受力的方向，亦即小磁针静止时北极所指的方向，就是那一点的磁场方向(We define the direction of the magnetic field at a point as the direction which the north pole of a small magnetic needle will indicate if placed at that point)。

在磁场中可以利用磁感线(lines of induction or magnetic field lines)来形象地描写各点的磁场方向。所谓磁感线，是在磁场中画出的一些有方向的曲线，在这些曲线上，每一点的切线方向(tangential direction)都在该点的磁场方向上，如图12-5。实验中常用铁屑在磁场中被磁化的性质来显示磁感线的形状。在磁场中放一块玻璃板，在玻璃板上均匀地撒一层细铁屑(iron filings)，细铁屑在磁场里被磁化成"小磁针"。轻敲玻璃板使铁屑能在磁场作用下转动，铁屑静止时有规则地排列起来，就显示出磁感线的形状。

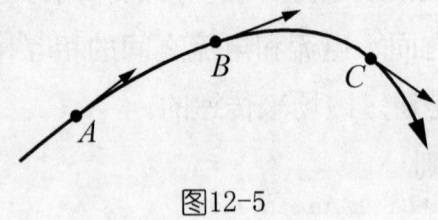

图12-5

图12-6是条形磁铁(bar magnet)和蹄形磁铁(horseshoe magnet)的磁感线分布情况。磁铁外部的磁感线是从磁铁的北极出来，进入磁铁的南极(The lines outside the magnet emerge from the north pole and enter the south pole)。

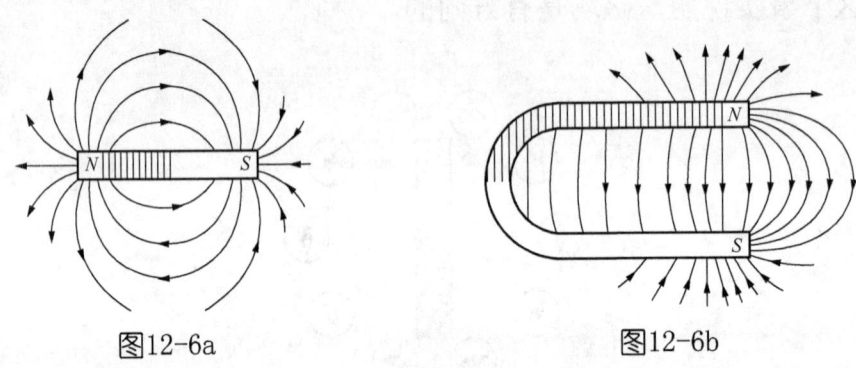

图12-6a   图12-6b

图12-7a表示直线电流(straight current-carrying wire)磁场的磁感线分布情况。直线电流磁场的磁感线是一些以导线上各点为圆心的同心圆，这些同心圆都在跟导线垂直的平面上(The lines of induction are concentric circles lying in planes perpendicular to the wire, centering on the intersections of the wire with the planes)。实验表明，改变电流的方向，各点的磁场方向都变成相反的方向，即磁感线的方向随着改变。直线电流的方向跟它的磁感线方向之间的关系（如图12-7b）可以用安培定则(Ampere's law, i.e. the right-hand screw rule)来判定：

用右手握住导线，让伸直的大拇指所指的方向跟电流的方向一致，弯曲的四指所指的方向就是磁感线的环绕方向。

Grasp the wire in your right hand with your extended thumb pointing in the direction of the current, and your fingers will then naturally curl around in the direction of the magnetic field lines.

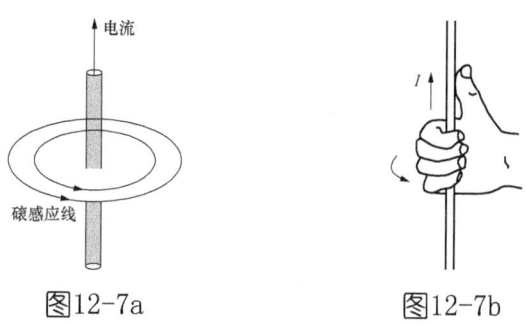

图12-7a   图12-7b

图12-8a表示环形电流 (circular current) 磁场的磁感线分布情况，环形电流磁场的磁感线是一些围绕环形导线的闭合曲线。在环形导线的中心轴线上，磁感线和环形导线的平面垂直。环形电流的方向跟中心轴线上的磁感线方向之间的关系（如图12-8b），也可以用安培定则来判定：

让右手弯曲的四指和环形电流的方向一致，伸直的大拇指所指的方向就是环形导线中心轴线上磁感线的方向。

If you curl the fingers of your right hand in the direction of the current in the loop, the thumb will point in the direction of the field at the center of the loop.

图12-9表示通电螺线管(solenoid)磁场的磁感线分布情况。螺线管通电以后表现出来的磁性，很像是一根条形磁铁，一端相当于北极，另一端相当于南极。改变电流的方向，它的南北极就对调。通电螺线管外部的磁感线和条形磁铁外部的磁感线相似，也是从北极出来，进入南极。通电螺线管内部具有磁场，内部的磁感线跟螺线管的轴线平行，方向由南极指向北极，并和外部的磁感线连接，形成一些环绕电流的闭合曲线。

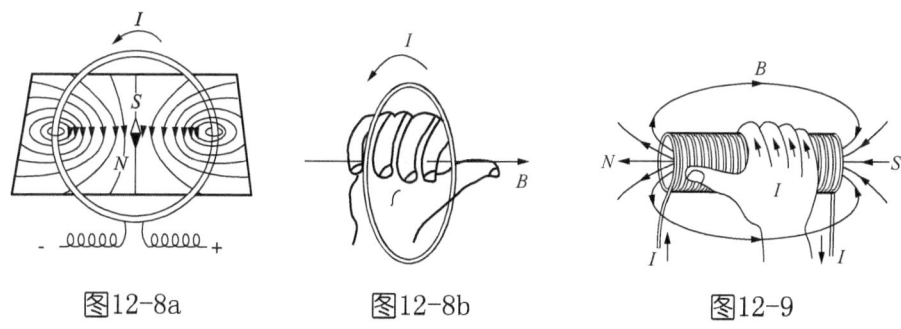

图12-8a   图12-8b   图12-9

通电螺线管的电流方向跟它的磁感线方向之间的关系，也可用安培定则来判定：

用右手握住螺线管，让弯曲的四指所指的方向跟电流的方向一致，大拇指所指的方向就是螺线管内部磁感线的方向，也就是说，大拇指指向通电螺线管的北极。

If you curl the fingers of your right hand in the direction of the current in the loop of the solenoid, the thumb will point in the direction of the field inside the solenoid. That means the thumb will point in the direction of the north pole of the solenoid.

应该注意，电场线和磁场线有着重要区别：电场线有起点和终点，而磁场线是闭合的，没有起点，也没有终点。

与天然磁铁相比，电流磁场的强弱和有无容易调节和控制，因而在实际中有很多重要的应用。电磁起重机、电话、电动机、发电机，以及在自动控制中得到普遍应用的电磁继电器等，都离不开电流的磁场。

地球本身也会在附近的空间产生磁场，叫做地磁场(the earth's magnetic field)。地磁场的分布大致上就像一个条形磁铁外面的磁场。在地球两极附近，地磁场的磁感应强度约为5×10^{-5}T。而实验室中的永久磁铁，两极附近的磁感应强度约为0.5T，所以地磁场是非常弱的。有种学说认为地磁场主要是由于地球内部电磁流体的运动产生的。

地磁场的南极是地理北极，地磁场的北极是地理南极。

太阳不断向地球辐射粒子，由于太阳的活动，辐射粒子的强弱也在不断变化。这些粒子与高层大气作用，会产生各种短暂的电荷流动，它们产生的磁场会影响地磁场，严重时会发生全球性的强烈磁扰，持续时间约为1~3天，称为磁暴。磁暴会干扰无线电通信。研究地磁场，对于通信、航天以及探矿等都有重要意义。

第二节　磁感应强度　左手定则

Magnetic induction intensity and the left-hand rule

磁场不仅有方向性，而且有强弱的不同。巨大的电磁铁(electromagnet)能够吸起成吨的钢铁，小的磁铁只能吸起小铁钉。我们怎样来表示磁场的强弱呢？

电场对其中的电荷有电场力的作用，研究电场强弱的时候，我们从分析电荷在电场中的受力情况着手，找到了表示电场强弱的物理量—电场强度。类似地，磁场对其中的电流有磁场力的作用，我们要从分析电流在磁场中的受力情况着手，找出表示磁场强弱的物理量。

磁场对电流的作用力通常称为安培力(Ampere force)。这是为了纪念法国物理学家安培(André-Marie Ampère, 1775~1836)，他对研究磁场对电流的作用力有杰出的贡献。这一节讨论安培力的大小和方向，并寻求表示磁场强弱的物理量。有了表示磁场强弱的物理量，我们就可以表达出有关安培力大小的规律。

实验表明：把一段通电直导线放在磁场里，当导线方向与磁场方向垂直时，电流所受的安培力最大；当导线方向与磁场方向一致时，电流所受的安培力最小，等于零；当导线方向与磁场方向斜交(obliquely intersect)时，所受安培力介于最大值和最小值之间。为简便起见，我们研究导线方向与磁场方向垂直时，安培力的大小跟什么有关。

如图12-10，三块相同的蹄形磁铁并列放置，可以认为磁极间的磁场是均匀的。将一根直导线悬挂在磁铁的两极间，有电流通过时导线将摆动一个角度，通过这个角度我们可以比较安培力的大小。分别接通2、3和1、4可以改变导线通电部分的长度，电流大小由外部电路控制。先保持导线通电部分的长度不变，改变电流的大小；然后保持电流不变，改变导线通电部分的长度。观察这两个因素对磁场力的影响。

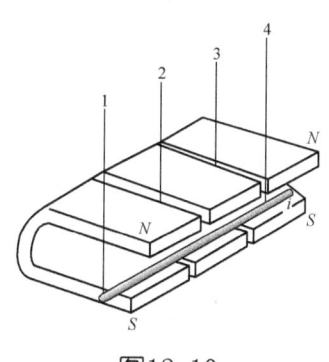

图12-10

　　实验发现，通电导线长度一定时，电流越大，导线所受安培力就越大；电流一定时，通电导线越长，安培力也越大。精确的实验表明，通电导线在磁场中受到的安培力的大小，既与导线的长度L成正比，又与导线中的电流I成正比，即与I和L的乘积IL成正比，用公式表示为：

$$F=BIL$$

或者：

$$B=F/IL$$

　　上式中的B有什么物理意义呢？在不同的蹄形磁铁的磁场中做上述实验，将会发现：在同一磁场中，不管电流I、导线长度L怎样改变，比值B总是确定的。但是在不同的磁场中，比值B一般是不同的。可见，B是由磁场本身决定的。在电流I、导线长度L相同的情况下，电流所受的安培力F越大，比值B越大，表示磁场越强。因而我们可以用比值B表示磁场的强弱，叫做<u>磁感应强度</u>(magnetic induction intensity)：

　　在磁场中垂直于磁场方向的通电导线，所受的安培力F跟电流I和导线长度L的乘积IL的比值叫做磁感应强度。

We define the magnitude of the magnetic induction B as the ratio of the force exerted on a current segment perpendicular to the field to the product of the current I and the length L of that segment.

【例1】如果通电导线与磁感应强度的夹角为θ时（如图①），磁场力的大小是多少？

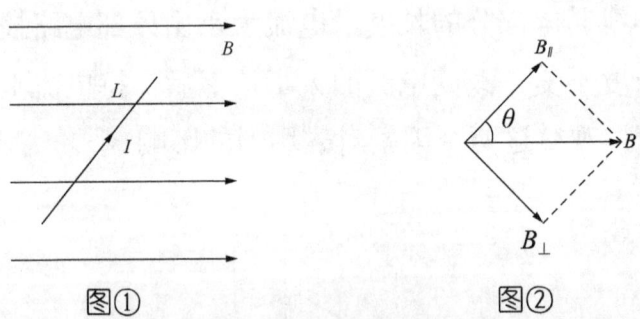

图①　　　　　　　　　图②

　　[分析] 当$L \perp B$时，通电导线受磁场力最大，$F=BIL$；而当$L /\!/ B$时，$F=0$，因此可以将B分解成垂直L的$B_\perp$和平行L的$B_{/\!/}$，因平行L的$B_{/\!/}$对导线作用力为零，所以实际上磁场B对导线L的作用力就是它的垂直分量$B_\perp$对导线的作用力，如图②所示。即：

$$F=ILB_\perp=ILB\sin\theta$$

在上述实验中导线所在处蹄形磁铁两极间的磁场强弱是处处相等的。但是，像电场一样，磁场中不同位置处的磁场强弱一般是不同的。如两个条形磁铁的磁极离得较远时，磁力很小，让它们逐渐移近，磁力会随之增大。这说明，离磁极的远近不同，磁场的强弱是不同的。在这样的磁场中，我们仍然用上述方法研究磁场。只是此时要用一段特别短的通电导线来研究磁场的强弱，当通电导线的长度很短时，用上述方法定义出的磁感应强度就是导线所在处的磁感应强度。

磁感应强度B的单位是由F、I和L的单位决定的，在国际单位制中，磁感应强度的单位是特斯拉(Tesla)，简称特，符号是T，1T=1N/A·m。

地面附近地磁场的磁感应强度大约是0.3×10^{-4}T ~ 0.7×10^{-4}T，永磁铁的磁极附近的磁感应强度大约是10^{-3}T~1T，发电机和变压器的铁芯中，磁感应强度可达0.8T~1.1T。

上面我们定义了磁感应强度的大小，但磁场还具有方向性，我们把磁场中某点的磁场方向定义为该点磁感应强度的方向(We define the direction of the magnetic field as the direction of B)。这样磁感应强度这一矢量就可以全面地反映出磁场的强弱和方向了。

正像在电场中可以用电场线的疏密程度大致表示电场强度的大小一样，在磁场中也可以用磁感线的疏密程度(density of lines of induction)大致表示出磁感应强度的大小。在同一个磁场的磁感线分布图上，磁感线越密的地方，表示那里的磁感应强度越大。这样，从磁感线的分布就可以形象地表示出磁场的强弱和方向。从图12-6、图12-7、图12-8可以看出，离磁体或电流越远的地方，磁感应强度就越小。

如果磁场的某一区域里，磁感应强度的大小和方向处处相同，这个区域的磁场叫做匀强磁场(uniform magnetic field)。匀强磁场是最简单但又很重要的磁场，在电磁仪器和科学实践中有重要的应用。距离很近的两个异名磁极之间的磁场（如图12-11），通电螺线管内部的磁场（除边缘部分外）都可认为是匀强磁场。上面所做的实验，就是在匀强磁场中进行的。

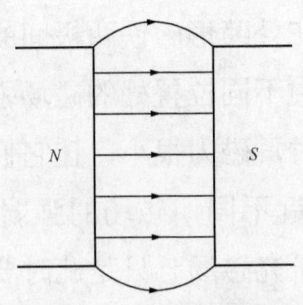

图12-11　均强磁场

根据磁感应强度的概念，由公式$F = BIL$知道，在匀强磁场中，在通电直导线与磁场方向垂直的情况下，电流所受的安培力F等于磁感应强度B、电流I和导线长度L三者的乘积。在非匀强磁场中，公式$F = BIL$适用于很短的一段通电导线。这是因为导线很短时，它所在处各点的磁感应强度的变化很小，可以近似认为磁场是匀强磁场。

在图12-10所示的实验中，调换磁铁两极的位置来改变磁场方向，或者不改变磁场方向而改变电流方向，导线就会向着相反的方向运动。可见安培力的方向跟磁场方向、电流方向有关。实验表明，安培力的方向既跟磁场方向垂直，又跟电流方向垂直，也就是说，安培力的方向总是垂直于磁感线和通电导线所在的平面。

通电直导线所受安培力的方向和磁场方向、电流方向之间的关系，可以用左手定则(left-hand rule)来判定（如图12-12）：

伸出左手，使大拇指跟其余四个手指垂直，并且都跟手掌在一个平面内，把手放入磁场中，让磁感线垂直穿入手心，并使伸长的四指指向电流的方向，那么，大拇指所指的方向就是通电导线在磁场中所受安培力的方向。

If you let the lines of induction enter the palm of your left hand, and let the hand be so placed that the four fingers indicate the direction of the current, then the thumb will indicate the direction of the Ampere force.

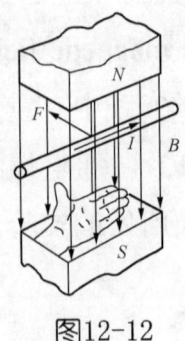

图12-12

第三节　带电粒子在磁场中的运动

Motion of charged particles in a magnetic field

1 磁场对运动电荷的作用

Magnetic force on moving charges

磁场对电流有力的作用，电流是由电荷的定向移动形成的。由此自然会想到：这个力可能是作用在运动电荷上的，而作用在通电导线上的安培力是作用在运动电荷上的力的宏观表现。

为了检验这种设想，我们来做一个实验。图12-13a是一个抽成真空的电子射线管(electron-ray tube)。从阴极发射出来的电子束，在阴极和阳极间的高电压作用下，轰击到长条形的荧光屏上，激发出荧光，可以显示出电子束运动的径迹。实验表明，在没有外磁场时，电子束是沿直线前进的，如果把射线管放在蹄形磁铁的两极之间，荧光屏上显示的电子束运动的径迹发生了弯曲，图12-13b。这表明，运动电子束确实受到了磁场的作用力。荷兰物理学家洛伦兹(Hendrik Antoon Lorentz, 1853~1928)首先提出了运动电荷产生磁场和磁场对运动电荷有作用力的观点。为纪念他，人们称这种力为洛伦兹力(Lorentz force)。

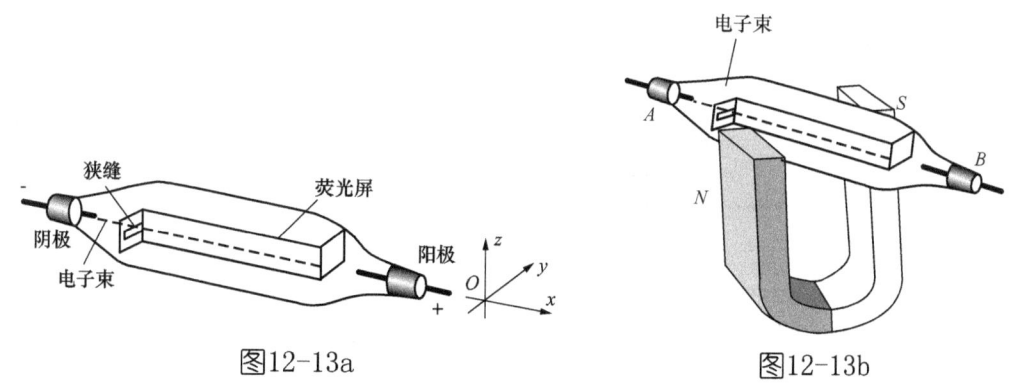

图12-13a

图12-13b

洛伦兹力的方向也可用左手定则来判定：

伸开左手，使大拇指跟其余四个手指垂直，且处于同一个平面内，把手放入磁场中，让磁感线垂直穿入手心，四指指向正电荷运动的方向，那么，拇指所指的方向就是电荷所受洛伦兹力的方向。

If you let the lines of induction enter the palm of your left hand, and let the hand be so placed that the four fingers indicate the direction of the motion of the positive charges, then the thumb will indicate the direction of the Lorentz force.

运动的负电荷在磁场中所受的洛伦兹力，方向跟正电荷受的力相反。

再来确定洛伦兹力的大小。有一段长度为L的通电导线，横截面积(cross-sectional area)为S，单位体积中含有的自由电荷数为n，每个自由电荷的电量为q，定向移动的平均速率为v。那么导线中的电流为$I=nqvS$。这段导线垂直于磁场方向放入磁感应强度为B的磁场中所受的安培力$F = ILB\sin\theta$，将$I = nqvS$代入上式，得$F = nqvSLB\sin\theta$。安培力F可以看做是作用在每个运动电荷的洛伦兹力f的合力，这段导线中含有的运动电荷数为nLS，所以$f = F/nLS$，由此我们得到：

$$f = qvB\sin\theta$$

θ为v和B的夹角。上式中各量的单位分别是N、C、m/s、T。

当θ为90°时，即电荷的运动方向与磁场的方向垂直时，$f = qvB$，这就是说，当电荷在垂直于磁场的方向上运动时，磁场对运动电荷的洛伦兹力f，等于电量q、速率v、磁感应强度B三者的乘积。当$\theta = 0$时，电荷运动方向跟磁场方向一致，$f = 0$，即此时电荷不受洛伦兹力的作用。

2 带电粒子在磁场中的运动
Motion of charged particles in a magnetic field

如图12-14所示，当带电粒子q以速度v分别垂直进入匀强磁场中，它们将做什么运动？

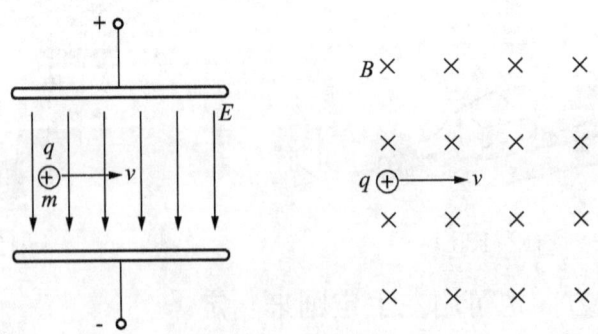

图12-14

带电粒子垂直进入匀强磁场，其初速度v与磁场垂直，根据左手定则，其受洛伦兹力的方向也跟磁场方向垂直，并与初速度方向都在同一垂直磁场的平面内，所以粒子只能在该平面内运动。

　　洛伦兹力总是跟带电粒子的运动方向垂直，它只改变粒子运动的方向，不改变粒子速度的大小，所以粒子在磁场中运动的速率是恒定的，这时洛伦兹力的大小$f=qvB$也是恒定的。

　　洛伦兹力对运动粒子不做功，洛伦兹力对运动粒子起着向心力的作用，因此粒子的运动一定是匀速圆周运动。（如图12-15）

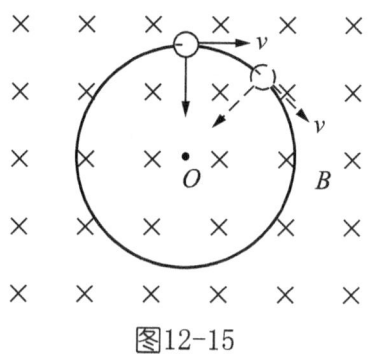

图12-15

$$F_{向}=f_{洛}=qvB$$

　　而做匀速圆周运动的物体所受的向心力$F_{向}$与物体质量m、速度v和半径r的关系为：

$$F_{向} = mv^2/r$$

解得：　　　　　$r = mv/Bq$

再椐圆周运动的周期与周长和速率的关系：

$$T=2\pi r/v$$

得出：　　　　　$T=2\pi m/Bq$

【例2】如图所示，一束电子（电量为e）以速度v垂直射入磁感强度为B，宽度为d的匀强磁场中，穿透磁场时速度方向与原来入射方向的夹角是30°，求：电子的质量是多少？穿透磁场的时间是多少？

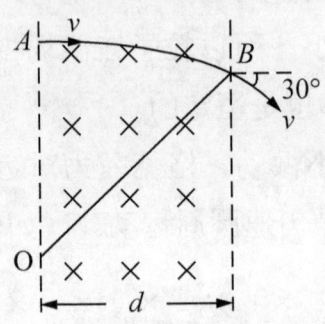

[解] 电子在磁场中运动，只受洛伦兹力作用，故其轨迹是圆弧一部分，又因为$f \perp v$，故圆心在电子穿入和穿出磁场时受到洛伦兹力指向的交点上，如图中的O点。由几何知识可知：AB间的圆心角$\theta = 30°$，OB为半径。

$$r = d/\sin 30° = 2d$$

又由$r = mv/Be$得：

$$m = 2dBe/v$$

由于AB圆心角是30°，故穿透时间$t = T/12 = \pi d/3v$

[说明] 带电粒子的匀速圆周运动的求解关键是画出匀速圆周运动的轨迹，利用几何知识找出圆心及相应的半径，从而找到圆弧所对应的圆心角。

【例3】如图所示，电子枪发出的电子，初速度为零，当被一定的电势差U加速后，从N点沿MN方向出射，在MN的正下方距N点为d处有一个靶P，若加上垂直于纸面的匀强磁场，则电子恰能击中靶P。已知U、d，电子电量e，质量m以及$\angle MNP = \alpha$，则所加磁场的磁感应强度方向和大小应该怎样确定？

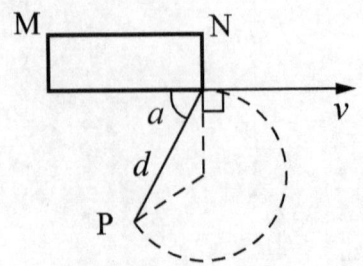

［解］电子经电势差U加速后，速度由零变为v，则$eU = 1/2mv^2$。

v的方向水平向右，电子在洛伦兹力作用下，沿顺时针回旋到P，则电子在N点受到的洛伦兹力方向向下。由此确定B的方向应该垂直纸面向里。NP对应的圆心角为2α，则有$R\sin\alpha = d/2$，而$R = mv/Be$，则可求得B为$(8mUe)1/2\sin\alpha/ed$。

◎ 复习题

1. 关于磁力线的下列说法中，正确的是（ ）

   A. 磁力线是磁场中客观存在的有方向的曲线

   B. 磁力线起始于永磁体N极而终止于S极

   C. 磁力线上箭头所指的方向就是磁场的方向

   D. 磁力线上某点的切线方向表示该点磁感应强度的方向

2. 关于磁场中某点的磁感应强度的大小，下列说法中不正确的是（ ）

   A. 由 $B = \dfrac{F}{L}$ 可知，B 与 F 成正比，与 I、L 的乘积成反比；

   B. B 的大小与 I、L 的乘积无关，由磁场本身决定；

   C. B 的大小和方向处处相同的区域叫匀强磁场；

   D. 通电导线在某处受磁场力，其大小必与该处的磁感应强度成正比

3. 在图中，标出了磁场的方向、通电直导线中电流 I 的方向，以及通电直导线所受安培力 F 的方向。其中正确的是（ ）

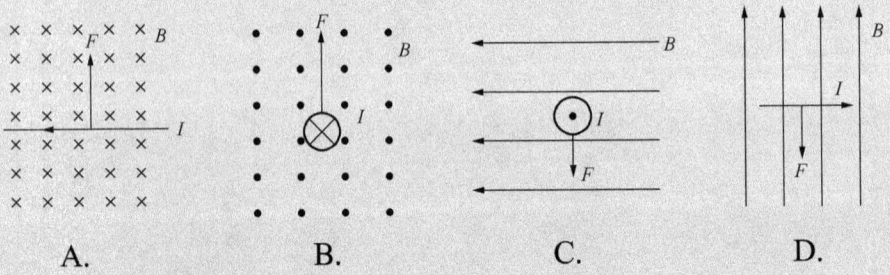

   A.   B.   C.   D.

4. 一根导线长0.2m，通以3A的电流，在磁场中某处受到的最大的磁场力是 6×10^{-2}N，则该处的磁感应强度 B 的大小是多少？如果该导线的长度和电流都减小一半，则该处的 B 的大小是多少？

5. 两根相互平行的金属轨道MN和PQ，它们之间的距离为0.1m，放在磁感应强度 $B = 4 \times 10^{-2}$T的匀强磁场中，磁场方向垂直轨道平面向上，如图所示，质量 $m = 10$g的金属棒ab置于两轨道上。若通电开始，使ab得到2m/s²的加速度，它所受的阻力是本身重力的0.2倍，电路总电阻 $R = 0.3\,\Omega$，g取10m/s²。

试求:

（1）开始通电时ab所受的磁场力；

（2）电源的电动势。

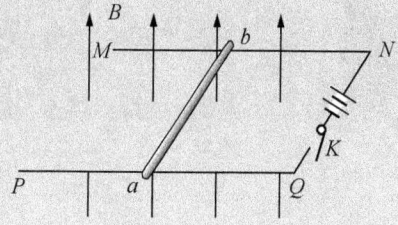

13 电磁感应
Electromagnetic Induction

1820年，丹麦物理学家奥斯特发现了电流能够产生磁场，即电流的磁效应，揭示了电和磁之间存在着联系。受到这一发现的启发，人们开始考虑这样一个问题：既然电流能够产生磁场，反过来，利用磁场是不是能够产生电流呢？不少科学家进行了这方面的探索。英国科学家法拉第坚信电与磁有密切的联系，经过10年坚持不懈的努力，于1831年终于取得了重大的突破，发现了利用磁场产生电流的条件，开辟了电气化时代。

第一节 电磁感应定律

Faraday's law of electromagnetic induction

1 磁通量

Magnetic flux

我们知道，磁场的强弱（即磁感应强度）可以用磁感线的疏密来表示。如果一个面积为S的面垂直一个磁感应强度为B的匀强磁场放置，则穿过这个面的磁感线的条数就是确定的。我们把B与S的乘积叫做穿过这个面的磁通量。

定义：面积为S，垂直匀强磁场B放置，则B与S的乘积叫做穿过这个面的磁通量，用Φ表示。公式为$\Phi=B\cdot S$，单位为韦伯(Wb)，$1Wb=1T\cdot m^2$。

磁通量的计算很简单，只要知道匀强磁场的磁感应强度B和所讨论面的面积S，在面与磁场方向垂直的条件下$\Phi=B\cdot S$，不垂直可将面积做垂直磁场方向上的投影，若平面S不跟磁场方向垂直，则应把S平面投影到垂直磁场方向的面上，若这两个面间夹角为θ，则：

$$\Phi = BS_\perp = BS\cos\theta$$

当平面S与磁场方向平行时，$\theta = 90°$，$\Phi = 0$。

磁通量是表示穿过所讨论面的磁感线条数的多少。在今后的应用中往往根据穿过面的净磁感线条数的多少定性判断穿过该面的磁通量的大小。

我们还可以从磁通量的定义来重新认识一下B这个物理量，$B = \Phi/S$，穿过单位面积的磁通量叫做磁通密度(The flux per unit area is called the flux density)，它与磁感应强度是同一个物理量，只不过后者是从安培力的角度定义的。

2　电磁感应现象

Electromagnetic induction phenomenon

在什么条件下才能产生电磁感应现象呢？法拉第通过一系列的实验揭示了这一问题。

实验一　把导体AB和电流表(ammeter)串联起来组成闭合电路，导体在磁场中运动，如图13-1a所示。

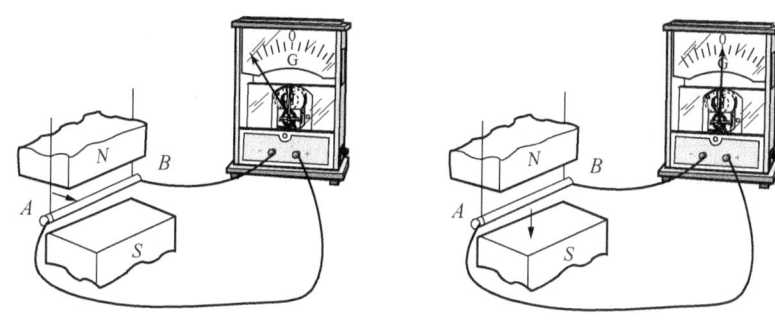

图13-1a

当导体AB上下运动时，电流表的指针不发生偏转，没有电流产生；当导体左右运动时，电流表指针偏转，电路中有电流产生。实验结果可以用图13-1b表示。

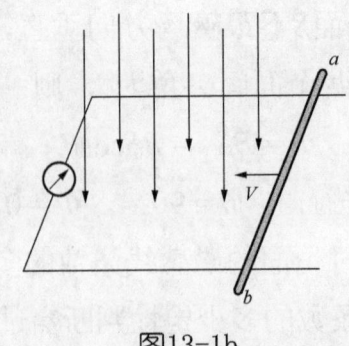

图13-1b

导体AB是闭合电路的一部分，当闭合电路的一部分导体在磁场里做切割磁感线(cutting across the lines of induction)运动时，电路中就有了电流。

实验二　把螺线管与电流表串联组成闭合电路，把磁铁插入螺线管或者从螺线管里拿出来，如图13-2a所示。

可以看到，磁铁相对于螺线管运动的时候，电流表的指针发生偏转，表明螺线管电路中有了电流。

如果保持磁铁在螺线管中不动，或者磁铁与螺线管以相同的速度运动，即它们保持相对静止，螺线管中就没有电流，实验结果可以用图13-2b表示。

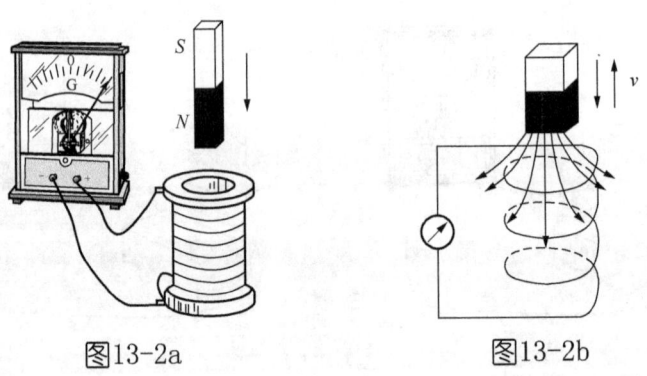

图13-2a　　　　　　　图13-2b

闭合电路的一部分导体切割磁感线时，穿过闭合电路的磁通量发生变化。由此我们得到提示：如果导体和磁体不发生相对运动，而让穿过闭合电路的磁场发生变化，会不会在电路中产生电流呢？

实验三　把螺线管B套在螺线管A的外面，A和滑动变阻器(slide rheostat)、开关串联，B和电流表串联组成闭合电路。如图13-3a所示。

合上开关给螺线管A通电时，电流表的指针发生偏转，螺线管B中有了电流。当螺线管A中的电流达到稳定时，螺线管B中的电流消失。打开开关，使螺线管A断电时，螺线管B中也有电流产生。如果用变阻器来改变电路中的电阻，使螺线管A中的电流发生变化，螺线管B中也有电流产生。实验结果可以用图13-3b表示。

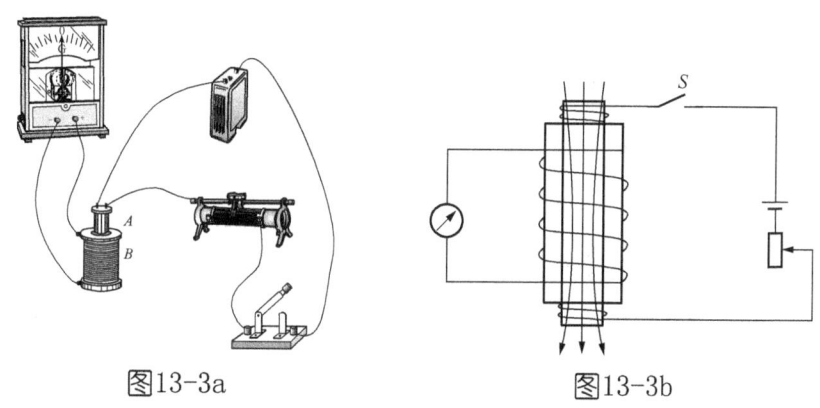

图13-3a   图13-3b

因为电流所激发的磁场的磁感应强度B总是正比于电流强度I，即$B \propto I$，电路的闭合或断开控制了电流从无到有或从有到无的变化；变阻器是通过改变电阻来改变电流的大小的，电流的变化必将引起闭合电路磁场的变化，穿过闭合电路的磁感线条数的变化，即磁通量发生变化，并使闭合电路中产生电流。

从以上三个实验可以看出，不论是导体做切割磁感线的运动，还是磁场发生变化，实质上都是引起穿过闭合电路的磁通量发生变化。只要穿过闭合电路的磁通量发生变化，闭合电路中就有电流产生(Any change in the magnetic flux through a closed circuit causes an induced current in it)。这种利用磁场产生电流的现象叫电磁感应，产生的电流叫感应电流(induced current)。

产生感应电流的条件为：

（1）电路必须闭合；

（2）磁通量发生变化，而磁通量发生变化的因素由$\Phi = B \cdot S \sin\theta$可知：①磁感应强度$B$发生变化；②线圈(coil)的面积$S$发生变化；③磁感应强度$B$与面积$S$之间的夹角$\theta$发生变化。这三种情况都可以引起磁通量发生变化。

【例1】如图所示，P为一个闭合的金属弹簧圆圈，在它的中间插有一根条形磁铁，现用力从四周拉弹簧圆圈，使圆圈的面积增大，问：穿过弹簧圆圈面的磁通量怎样变化？环内是否有感应电流？

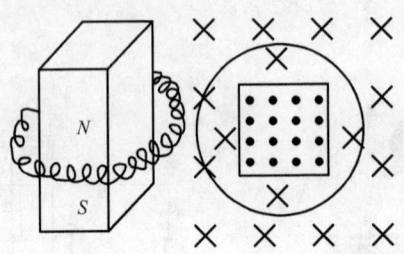

[分析]本题中条形磁铁磁感线的分布如图所示（从上向下看）。磁通量是穿过一个面的磁感线的多少，由于进去和出来的磁感线要抵消一部分，当弹簧圆圈的面积扩大时，进去的磁感条数增加，而出来的磁感线条数是一定的，故穿过这个面的磁通量减小，回路中将产生感应电流。

3 法拉第电磁感应定律——感应电动势的大小
Faraday's law of electromagnetic induction——the magnitude of induced EMF

在电磁感应现象中，既然闭合电路中有感应电流，这个电路中就一定有电动势。电路断开时，虽然没有感应电流，电动势依然存在。在电磁感应现象中产生的电动势叫做感应电动势(induced electromotive force)。产生感应电动势的那部分导体就相当于电源。实验一中的导体AB，实验二、三中的螺线管B，都相当于电源。感应电流的强弱由感应电动势的大小和闭合电路的电阻决定，可以由闭合电路欧姆定律算出。

感应电动势的大小跟哪些因素有关呢？在实验一中，导体AB切割磁感线的速度越大，穿过闭合电路所围面积的磁通量的变化就越快，感应电流和感应电动势就越大。在实验二中，磁铁运动得越快，穿过螺线管的磁通量的变化就越快，感应电流和感应电动势就越大。在实验三中，通电和断电时，比起逐渐改变电阻器的电阻时，A中电流变化得快，因而穿过B的磁通量变化得也快，B中的感应电流和感应电动势就大。

实验表明：感应电动势的大小与磁通量变化的快慢有关。磁通量变化的快慢可以用单位时间内磁通量的变化来表示。单位时间内磁通量的变化量，通常叫做磁通量的变化率，这就是说，感应电动势的大小跟磁通量的变化率有关。精确的实验表明：

电路中感应电动势的大小，跟穿过这电路的磁通量的变化率成正比。

The magnitude of induced EMF is directly proportional to the rate of the change of the magnetic flux piercing in the area enveloped by the circuit.

这就是法拉第电磁感应定律(Faraday's law of induction)。

磁通量变化包括：磁感应强度B变化，面积S变化，S与B的夹角变化。设时刻t_1和时刻t_2间的磁通量的变化量$\Delta\Phi = \Phi_2 - \Phi_1$，磁通量的变化率$\Delta\Phi/\Delta t$。感应电动势为：

$$E = k\Delta\Phi/\Delta t$$

公式中k为常数，在国际单位制中，上式中各量的单位都已确定，因而有：

$$1Wb/s = 1T \cdot m^2/s = 1(N/A \cdot m) \cdot m^2/s = 1Nm/As = 1J/C = 1V$$

上式中$k=1$，$E = \Delta\Phi/\Delta t$，设闭合电路是一个n匝线圈，且穿过每匝线圈的磁通量变化率都相同，由于n匝线圈相当于n个单匝线圈串联，因此整个线圈中的感应电动势是单匝线圈的n倍，$E = n\Delta\Phi/\Delta t$。

下面我们推导导体做切割磁感线运动时感应电动势的表达式。如图13-4所示，把矩形框abcd放在磁感应强度为B的匀强磁场里，线框平面跟磁感线垂直。

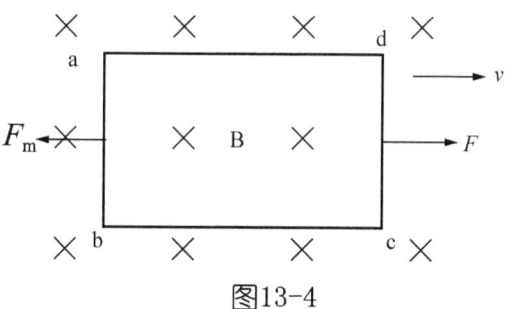

图13-4

设线框可动部分(movable part)cd的长度是l，以速度v向右运动，在Δt时间内由原来的位置移动了$v\Delta t$，这时线框的面积改变量$\Delta S = lv\Delta t$，穿过闭合电路的磁通量的变化量$\Delta\Phi = B\Delta S = Blv\Delta t$。代入公式$E = \Delta\Phi/\Delta t$中，得到：

$$E = Blv$$

如果导体的运动方向跟导线本身垂直，但跟磁力线方向有一个夹角，如图13-5所示，我们可以把速度v分解为两个分量，其有效切割速度$v_\perp = v\sin\theta$。那么上式可改写为：

$$E = Blv\sin\theta$$

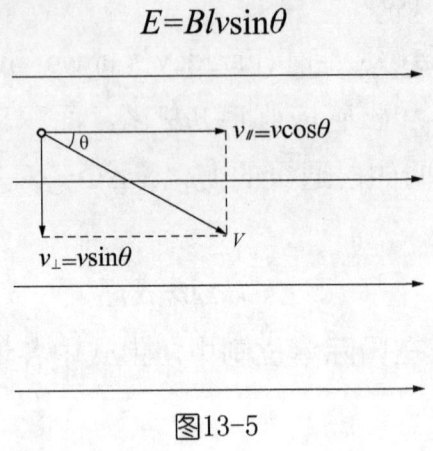

图13-5

法拉第电磁感应定律反映的是在Δt一段时间内平均感应电动势。只有当Δt趋近于零时，才是瞬时值(instantaneous value)。而公式$E = Blv\sin\theta$中，当v取瞬时速度则E是瞬时值，当v取平均速度(average speed)时，E是平均感应电动势(average induced EMF during Δt)。

【例2】如图所示，有一夹角为θ的金属角架，角架所围区域内存在匀强磁场中，磁场的磁感强度为B，方向与角架所在平面垂直，一段直导线ab，从角顶c贴着角架以速度v向右匀速运动，求：（1）t时刻角架的瞬时感应电动势；（2）t时间内角架的平均感应电动势。

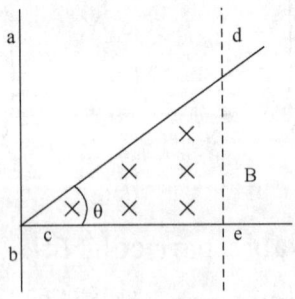

[解] 导线ab从顶点c向右匀速运动，切割磁感线的有效长度de随时间变化，设经时间t，ab运动到de的位置，则：

$$de = c e\tan\theta = vt\tan\theta$$

（1）t时刻的瞬时感应电动势为：$E = BLv = Bv^2\tan\theta \cdot t$

（2）t时间内平均感应电动势为：

$$E=\Delta\Phi/\Delta t = B\Delta S/\Delta t = B \cdot vt\cdot vt \cdot \tan\theta / 2t = Bv^2\tan\theta \cdot t/2$$

第二节 楞次定律

Lenz's law

在上一节的三个实验中，电流表的指针有时向右偏转，有时向左偏转，表示在不同情况下感应电流的方向是不同的。怎样确定感应电流的方向呢？

我们通过上一节的实验二来研究这个问题。通过实验观察发现如图13-6所示的规律：

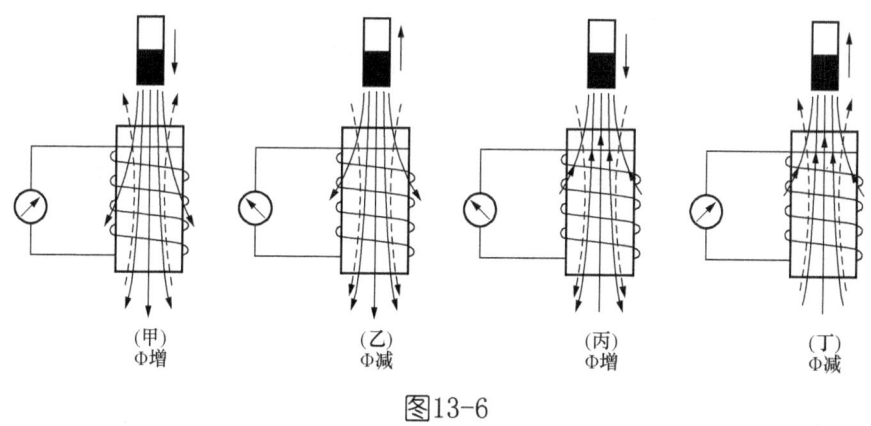

图13-6

(甲)图：当把条形磁铁N极插入线圈中时，穿过线圈的磁通量增加，由实验可知，这时感应电流的磁场方向跟磁铁的磁场方向相反。

(乙)图：当把条形磁铁N极拔出线圈中时，穿过线圈的磁通量减少，由实验可知，这时感应电流的磁场方向跟磁铁的磁场方向相同。

(丙)图：当把条形磁铁S极插入线圈中时，穿过线圈的磁通量增加，由实验可知，这时感应电流的磁场方向跟磁铁的磁场方向相反。

(丁)图：当条形磁铁S极拔出线圈中时，穿过线圈的磁通量减少，由实验可知，这时感应电流的磁场方向跟磁铁的磁场方向相同。

通过上述实验可知，凡是由磁通量的增加引起的感应电流，它所激发的磁场一定阻碍原来磁通量的增加；凡是由磁通量的减少引起的感应电流，它所激发的磁场一定阻碍原来磁通量的减少。在两种情况中，感应电流的磁场都阻碍了原磁通量的变化。

物理学家楞次(Heinrich Friedrich Emil Lenz, 1804～1865)概括了各种实验结果，在1834年得到如下结论：

感应电流具有这样的方向，就是感应电流的磁场总要阻碍引起感应电流的磁通量的变化。

An induced current in a closed circuit is always so directed that its magnetic field through the circuit opposes the change in the magnetic flux that causes the current.

这就是楞次定律(Lenz's law)。

对"阻碍"二字应正确理解，"阻碍"不是"阻止(prohibit)"，而只是延缓(delay)了原磁通量的变化，电路中的磁通量还是在变化的。例如：当原磁通量增加时，虽有感应电流的磁场的阻碍，磁通量还是在增加，只是增加的慢一点而已。实质上，楞次定律中的"阻碍"二字，指的是"反抗着产生感应电流的那个原因。"

利用楞次定律可以判断各种情况下感应电流的方向。感应电流的方向跟感应电动势的方向是一致的，判断出感应电流的方向也就判断出感应电动势的方向。

具体的判定步骤可以分为：

（1）明确原磁场的方向(obtain the direction of the primary field)；

（2）明确穿过闭合回路的磁通量是增加还是减少(know how the flux in the closed circuit changes)；

（3）根据楞次定律，判定感应电流的磁场方向(determine the direction of the magnetic field of the induced current according to Lenz's law)；

（4）利用安培定则判定感应电流的方向(determine the direction of the induced current according to Ampere's law)。

现在来确定磁铁的S极移近或离开螺线管时感应电流的方向。如图13-7甲所示，原来的磁场方向向上，把磁铁的S极移近螺线管时，穿过螺线管的磁通量增加。由楞次定律可知，感应电流的磁场要阻碍磁通量的增加，因此感应电流的磁场方向跟原来的磁场方向相反，即感应电流的磁场方向是向下的。知道了感应电流的磁场方向，利用安培定则就可以确定感应电流的方向。

如图13-7乙所示，原来的磁场方向向上，当磁铁的S极离开螺线管时，穿过螺线管的磁通量减少，由楞次定律可知，感应电流要阻碍磁通量的减少，即感应电流的磁场方向跟原来的磁场方向相同，方向也是向上的。知道了感应电流的磁场方向，利用安培定则就可以确定感应电流的方向。

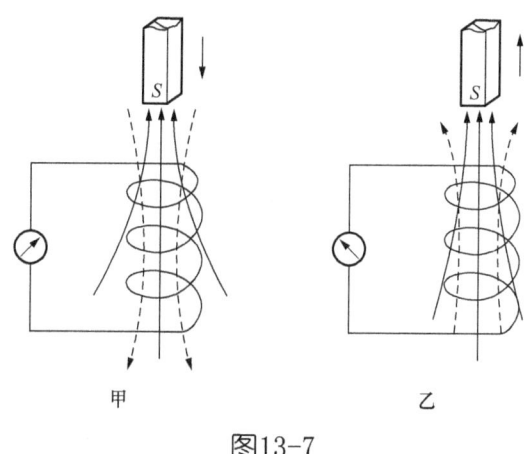

图13-7

再来确定图13-1所示实验中感应电流的方向。如果磁通量的变化是由导体切割磁感线引起的，感应电流的方向与磁感线方向、导体运动方向三者之间有一个便于记忆的关系（如图13-8），这就是<u>右手定则</u>(right-hand rule)：

伸开右手让拇指跟其余四指垂直，并且都跟手掌在一个平面内，让磁感线垂直从手心进入，拇指指向导体运动的方向，其余四指指的就是感应电流的方向。

If the right hand is so placed that lines of induction pass through the palm and the thumb indicates the direction of motion of the conductor, then the other four fingers will indicate the direction of the induced current.

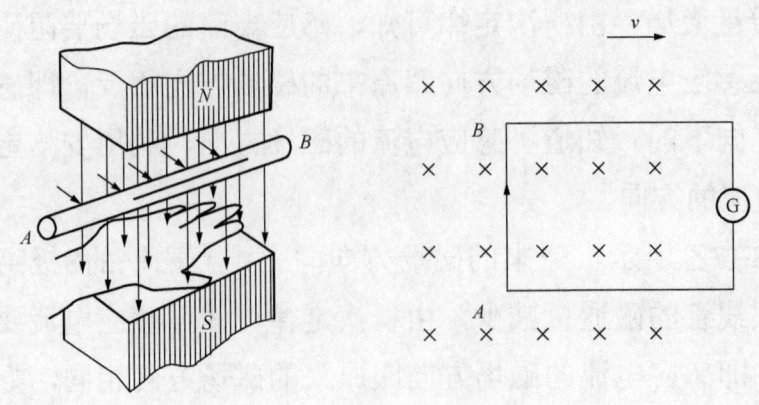

图13-8

　　在图13-1的实验中，当导体AB向右运动时，用右手定则判断的结果是：感应电流是由A流向B。现在用楞次定律来判断：导体AB向右运动时，穿过闭合电路的磁通量减少，而感应电流要阻碍磁通量的减少，因此感应电流在闭合电路内部的磁场方向跟磁铁的磁场方向相同，即磁感线的方向也是向下的，利用安培定则可以知道，感应电流的方向是由A流向B的。可见，用楞次定律来判定跟用右手定则来判定，结果是一致的，右手定则可以看作是楞次定律的特殊情况。(The right-hand rule is a special case of Lenz's law. The direction of the induced EMF is determined by Lenz's law in general, or by right-hand rule in the special case of a conductor cutting across the lines of induction.)

第三节　自感

Self-induction

　　在电磁感应现象中，有一种叫做自感现象的特殊情形。先看一下实验：

　　在图13-9所示的实验电路中，先闭合开关S，调节变阻器R的电阻，使同样规格的两个灯泡A_1和A_2的明亮程度相同，再调节变阻器R_1，使两个灯泡都正常发光，然后断开开关S。

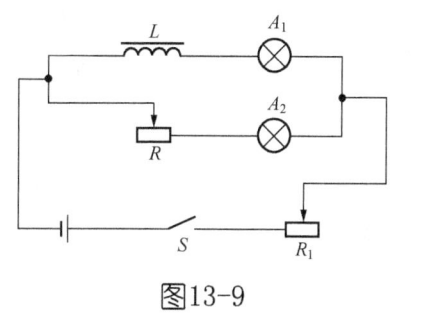
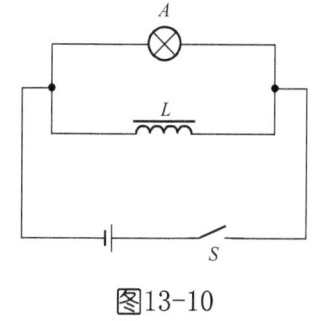

图13-9   图13-10

再接通电路时可以看到，跟变阻器R串联的灯泡A_2立刻正常发光，而和有铁芯的线圈L串联的灯泡A_1却是逐渐(gradually)亮起来的。为什么会出现这样的现象呢？原来，在接通电路的瞬间，电路中的电流增大，穿过线圈L的磁通量也随着增加，因而线圈中必然会产生感应电动势，感应电动势阻碍线圈中电流的增大，所以通过A_1的电流只能逐渐增大，灯泡A_1只能逐渐亮起来。

再来做图13-10的实验。把灯泡A和带铁芯的线圈L并联在直流电路中，接通电路，灯泡A正常发光后，断开电路，这时可以看到灯泡A没有立即熄灭，相反，它会<u>很亮地闪一下</u>(flash momentarily)。为什么会出现这种现象呢？这是由于电路断开的瞬间，通过线圈的电流减弱，穿过线圈的磁通量减少，因而在线圈中产生感应电动势，阻碍电流的减小。虽然这时电源已经断开，但线圈L和灯泡A组成了闭合电路，在这个电路中有感应电流通过，使小灯泡不会立刻熄灭。

从上述两个实验可以看出，当导体中的电流发生变化时，导体本身就产生感应电动势，这个电动势总是阻碍导体中原来电流的变化的。

这种由于导体本身的电流发生变化而产生的电磁感应现象叫做自感现象。

The electromagnetic induction caused by the change of current in the conductor itself is called self-induction.

在自感现象中产生的感应电动势，叫做<u>自感电动势</u>(self-induced EMF)。

自感电动势的大小和其他感应电动势一样，跟穿过线圈的磁通量变化的快慢有关系。线圈的磁场是由电流产生的，所以穿过线圈的磁通量变化的快慢跟电流变化的快慢有关系。对于同一个线圈来说，电流变化得快，穿过线圈的磁通量也就变化得快，线圈中产生的自感电动势就大；反之，电流变化得慢，产生的自感电动势就小。对于不同的线圈，在电流变化快慢相同的情况下，产生的自感电动势是不同的。电学中用自感系数(self-induction coefficient)来表示线圈的这种特性。自感系数简称自感或电感。线圈的自感系数跟线圈的形状、长短、匝数等因素有关系。线圈越粗、越长、匝数越密，它的自感系数就越大。另外，有铁芯的线圈的自感系数比没有铁芯时大得多。

自感系数的符号是L，单位是亨利，简称亨，国际符号是H，1H=1V·s/A。

○ 复习题

1. 下列说法中正确的是（　　）

　　A. 穿过某一个面的磁通量为零，该处磁感应强度必为零

　　B. 穿过任何一个平面的磁通量越大，该处磁感应强度也越大

　　C. 穿过垂直于磁感应强度方向的某面积的磁力线条数等于磁感应强度

　　D. 当平面跟磁场方向平行时，穿过该面的磁通量必为零

2. 如图所示，在磁感应强度$B=0.5T$的匀强磁场中，让导体PQ在U形导轨上以速度$v=10m/s$向右匀速滑动，两导轨间距离$L=0.8m$，则产生的感应电动势的大小及电阻R中的电流方向分别是（　　）

　　A. 4V，由a向b　　　　　B. 0.4V，由b向a

　　C. 4V，由b向a　　　　　D. 0.4V，由a向b

3. 关于闭合电路中感应电动势的大小，以下说法中正确的是（　　）

　　A. 跟穿过这一闭合电路的磁通量成正比

　　B. 跟穿过这一闭合电路的磁感应强度成正比

　　C. 跟穿过这一闭合电路的磁通量的变化率成正比

　　D. 跟穿过这一闭合电路的磁通量的变化量成正比

4. 电阻$r=0.5\Omega$的金属导体PQ，在两根相互平行的金属滑轨上滑动。金属滑轨的左端接定值电阻$R=1.5\Omega$，平行滑轨间距离为$L=0.2m$，垂直滑轨平面加匀强磁场，磁场感应强度$B=0.1T$，方向如图所示，当金属导体PQ沿滑轨运动时，电阻R上流过0.1A的电流，方向自下而上。求此时PQ的运动速度大小和方向。

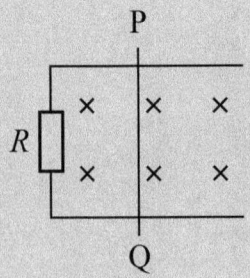

5. 如图，放置在水平面内的平行金属框架宽为$L=0.4$m，金属棒 置于框架上，并与两框架垂直。整个框架位于竖直向下、磁感强度$B=0.5$T的匀强磁场中，电阻$R=0.09\,\Omega$，ab电阻为$r=0.01\,\Omega$，阻力忽略不计，当 在水平向右的恒力F作用下，以$v=2.5$m/s的速度向右匀速运动时，求：

（1）回路中的感应电流；

（2）电阻R上消耗的电功率；

（3）恒力F做功的功率。

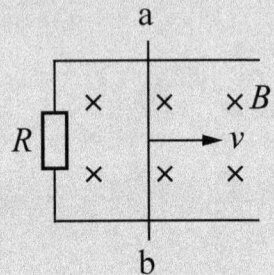

14 几何光学基本知识
Basics of Geometrical Optics

光(light)是一种重要的自然现象。宇宙间能自行发光的物体我们称之为光源(light source)。我们所以能看到客观世界中斑驳陆离、瞬息万变的景象，是因为眼睛接受物体发射、反射或散射的光。在几何光学中研究光的基础是：光的直线传播定律(law of rectilinear propagation of light)、反射定律(laws of reflection)和折射定律(laws of refraction)。

第一节 光的直线传播和光速

The rectilinear propagation of light and the speed of light

光能够在其中传播的物质叫做光介质，简称介质。

在同一均匀介质中，光是沿直线传播的。

Light travels in straight lines in a homogeneous medium.

自然界中的许多现象，例如影(shadow)、月食(lunar eclipse)、日食(solar eclipse)和小孔成像(pinhole imaging)等，都是由于光沿着直线传播产生的。在研究光的传播方向时，常用到光线(ray)的概念。光线是利用光的直线传播而从光束中抽象出来的概念。在光的传播方向上作一条线，并标上箭头，表示光的传播方向，这样的线就叫做光线(A line drawn with an arrow in the direction of the propagation of light is called a ray)。光线是光束(beam)的抽象结果，实际是不存在的，而光束是客观存在的。光束可分为平行光束(parallel beam)、发散光束(divergent beam)、会聚光束(convergent beam)三种情况。

光从光源发出，在介质的传播是有一定的速度的。光在真空中的传播速度是30万千米每秒，即光速$c=3\times10^8$m/s。

光线传播到两种介质的分界面所发生的现象：反射和折射现象可能同时发生，也可能只发生反射现象，但有折射现象的同时一定有反射现象，只是反射现象有时极不明显而不考虑。一般来说：

光从一种介质射到它和另一种介质的分界面时，一部分光返回到这种介质中的现象叫做光的反射。而斜着射向界面的光进入第二种介质中的现象，叫做光的折射。

When light travels to the interface between two media, part of it returns to the first medium, which phenomenon is called reflection, while the left enters into the second medium, which is called refraction.

1 光的反射定律
Laws of reflection

光的反射定律是：

反射光线和入射光线和法线在同一平面内，反射光线和入射光线分别位于法线的两侧，反射角等于入射角。

1. The reflected ray, the incident ray and the normal to the surface at the point of incidence lie in the same plane. The reflected ray and the incident ray lie on opposite sides of the normal line.

2. The angle of reflection (the angle between the reflected ray and the normal) equals the angle of incidence (the angle between the incident ray and the normal).

如图14-1所示：

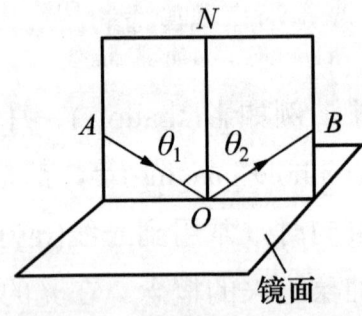

图14-1

2 光的折射定律
Laws of refraction

折射光线跟入射光线和法线在同一平面内，折射光线和入射光线分别位于法线的两侧，入射角的正弦和折射角的正弦成正比。这就是光的折射定律。

1. The refracted ray, the incident ray and the normal to the surface at the point of incidence lie in the same plane.

2. The ratio of the sine of the angle of incidence to the sine of the angle of refraction is a constant, independent of the angle. This is also called Snell's law.

如果用n来表示这个比例常数，就有：

$$\sin i/\sin r = n$$

光的折射定律也叫做斯涅耳定律(Snell's law)。

3　折射率
Index of refraction

光从一种介质射入另一种介质时，虽然入射角的正弦跟折射角的正弦之比为一常数n，但是对不同的介质来说，这个常数n是不同的。这个常数n跟介质有关系，是一个反映介质的光学性质的物理量，我们把它叫做介质的折射率。

$$n = \sin i/\sin r$$

i：光在真空中与法线的夹角(the angle between the incident ray and the normal in a vacuum)；

n：光在介质中与法线之间的夹角(the angle between the refracted ray and the normal in a medium)。

光从真空射入某种介质时的折射率，叫做该种介质的绝对折射率，也简称为某种介质的折射率。又因为空气的绝对折射率为1.00028，在近似计算中认为空气和真空相同，故有时光从空气射入某种介质时的折射率当做绝对折射率进行计算。

折射率的定义式为量度式。折射率无单位，任何介质的折射率不能小于1。水的折射率为1.33，玻璃的折射率一般为1.50。

理论和实验的研究都证明：某种介质的折射率，等于光在真空中的速度c跟光在这种介质中的速度之比(The index of refraction of a medium is defined as the ratio of the speed of light in a vacuum to that in the medium)。

$$n = c/v$$

由于光在真空中的传播速度c大于光在其他任何介质中的传播速度v，

所以任何介质的折射率n都大于1 (As light travels faster in a vacuum than in any other medium, the index of refraction is always greater than one)。

【例1】光线从空气射入甲介质中时，入射角$i=45°$，折射角$r=30°$，光线从空气中射入乙介质中时，入射角$i'=60°$，折射角$r'=30°$，求光在甲、乙两种介质中的传播速度比。

解：设光在甲介质中传播的速度为$v_甲$，光在乙介质中传播的速度为$v_乙$。

根据折射率的定义式得：

$$n_甲 = \frac{\sin i}{\sin r} = \frac{\sin 45°}{\sin 30°} = \frac{\frac{\sqrt{2}}{2}}{\frac{1}{2}} = \sqrt{2}$$

$$n_乙 = \frac{\sin i'}{\sin r'} = \frac{\sin 60°}{\sin 30°} = \frac{\frac{\sqrt{3}}{2}}{\frac{1}{2}} = \sqrt{3}$$

根据折射率与光速的关系得：

$$n_甲 = \frac{c}{v_甲}, \quad n_乙 = \frac{c}{v_乙}, \quad 得 \ v_甲 = \frac{c}{n_甲}, \quad v_乙 = \frac{c}{n_乙}$$

所以：

$$\frac{v_甲}{v_乙} = \frac{\frac{c}{n_甲}}{\frac{c}{n_乙}} = \frac{n_乙}{n_甲} = \frac{\sqrt{3}}{\sqrt{2}}$$

4　全反射
Total internal reflection

光传播到两种介质的界面时，通常要发生反射和折射现象，若满足了某种条件，光线不再发生折射现象，而全部返回到原介质中传播的现象叫全反射现象。

When light travels to the interface between two media, usually both reflection and refraction will occur. However, under a certain condition, no refraction occurs and the light is totally reflected back into the original medium. This phenomenon is called total internal reflection.

那么，全反射发生需要什么条件呢？

4.1 光密介质和光疏介质
Denser medium and rarer medium

对于两种介质来说，光在其中传播速度较小的介质，即折射率较大的介质，叫做光密介质；而光在其中传播速度较大的介质，即折射率较小的介质，叫做光疏介质。光密介质和光疏介质是相对的。例如，水、空气和玻璃三种物质相比较，水对空气来说是光密介质，而水对玻璃来说是光疏介质，根据折射定律可知，光线由光疏介质射入光密介质时（例如由空气射入水），折射角小于入射角；光线由光密介质射入光疏介质（例如由水射入空气），折射角大于入射角。

4.2 临界角
The critical angle

折射角等于90°时的入射角叫做临界角(When the angle of refraction reaches 90°, the angle of incidence is called the critical angle)，用符号C表示。光从折射率为n的某种介质射到空气（或真空）时的临界角C就是折射角等于90°时的入射角，根据折射定律可得：

$$\sin C = 1/n$$

4.3 发生全反射的条件
The conditions of total internal reflection

①光从光密介质进入光疏介质 (Light travels from a denser medium into a rarer medium)。

②入射角等于或大于折射角 (The angle of incidence equals or is larger than the angle of refraction)。

【例2】如图所示，一束光线从空气射入某介质，入射光线与反射光线夹角为90°，折射光线与入射光线延长线间夹角为15°，求：

（1）该介质的折射率；

（2）光在该介质中传播的速度；

（3）当光从介质射入空气时的临界角。

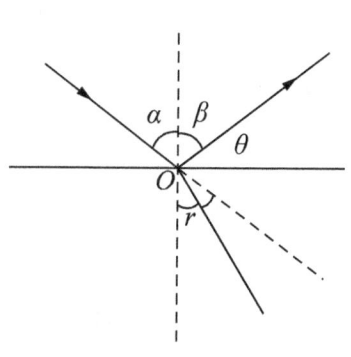

[解] 根据题意，入射光线与反射光线的夹角为90°，又根据光的反射定律，反射角等于入射角，即$\alpha = \beta = 45°$。

所以，$r = \alpha - \theta = 45° - 15° = 30°$

（1）$n = \dfrac{\sin\alpha}{\sin r} = \dfrac{\sin 45°}{\sin 30°} = \dfrac{\dfrac{\sqrt{2}}{2}}{\dfrac{1}{2}} = \sqrt{2}$

（2）$n = \dfrac{c}{v}$

$v = \dfrac{c}{n} = \dfrac{3\times 10^8 \text{m/s}}{\sqrt{2}} \approx 2.12\times 10^8 \text{m/s}$

（3）$\sin C = \dfrac{1}{n} = \dfrac{1}{\sqrt{2}} = \dfrac{\sqrt{2}}{2}$

　　　$C = 45°$

第二节　透镜

Lens

1 透镜的分类和概念
Categories and concepts of lens

1.1 透镜及其分类
Categories of lens

两个侧面都磨成球面的（或者一面球面，一面平面）的透明体叫做透镜 (A lens is a piece of glass with spherical surfaces)。透镜通常是用玻璃磨成的。

透镜可以分成凸透镜和凹透镜两类。

（1）中间厚、边缘薄的透镜叫凸透镜(converging lens)，凸透镜对光线有会聚作用，也叫会聚透镜。

（2）中间薄、边缘厚的透镜叫凹透镜(diverging lens)，凹透镜对光线有发散作用，也叫发散透镜。

凸透镜和凹透镜对光线的作用原理可以用棱镜对光线的偏折作用来说明。透镜可以被看做是由许多个小三棱镜组成的，由光线经过棱镜后向底面偏折的知识可知，凸透镜使光线会聚，凹透镜使光线发散。

1.2 有关透镜的几个概念
Concepts about lens

（1）薄透镜(thin lens)

通常把厚度比球面的半径小得多的透镜，叫做薄透镜。我们只研究薄透镜，并且利用特定符号表示两类透镜，凸透镜符号：$\updownarrow$。凹透镜符号：$\rceil$

（2）主光轴(principal axis)

透镜的两个球面都有自己的球心，我们把通过两球心的直线，叫做透镜的主光轴，简称主轴。用点画线来表示。

（3）光心(center)

主轴跟透镜的两面各有一个交点，对于薄透镜来说，这两个交点可以看做是重合在一起的，这一点叫做透镜的光心，用O来表示。光心比较特殊，不仅平行于主轴的光线通过它后方向不变，与主轴成一定角度的光线通过它以后方向也不变。这是因为透镜的中部可以看做是一小块平行玻璃板，与主轴成一定角度的光线通过这小块平行玻璃板后，虽然与入射光线不在一条直线上，但与入射光线平行，产生一定侧向位移，对于薄透镜来说，这个侧向位移很小，可以忽略不计。因此通过薄透镜光心的光线，传播方向不发生改变，这是光心的重要性质。

（4）焦点(focus)

平行于主轴的光线，通过凸透镜后会聚于主轴上的一点，这个点叫做凸透镜的焦点。用F、F'来表示。平行于主轴的光线通过凹透镜后变得发散，这些发散光线看起来好像是从它们的反向延长线的交点F发出来的，点F也是在主轴上，叫做凹透镜的焦点。凸透镜的焦点是实焦点，凹透镜的焦点是虚焦点。

（5）焦距(focal distance)

从透镜的焦点到光心的距离，叫透镜的焦距，用f来表示。透镜两侧各有一个焦点，只要透镜两侧的介质相同，两个焦点对光心是对称的，两个焦距相等。

（6）焦平面(focal plane)、副光轴(secondary axis)、副焦点(secondary focus)

通过主焦点垂直于主轴的平面，叫焦平面；除了主轴以外其他过光心的直线，叫副光轴，简称副轴；副光轴与焦平面的交点，叫副焦点。

（7）物距(object distance)

物到镜心的距离叫物距，用u来表示。

（8）像距(image distance)

像到镜心的距离叫像距，用v来表示。

2 透镜的成像公式　放大率
Thin lens formula and magnification

2.1 透镜成像公式
Thin lens formula

$$\frac{1}{u} + \frac{1}{v} = \frac{1}{f}$$

对于凸透镜来说，成实像时，物距$u>0$，像距$v>0$；成虚像时物距$u>0$，像距$v<0$。对于凹透镜来说，焦距$f<0$，像距$v<0$。

【例3】如图所示，长为10cm的均匀直杆斜放在焦距为10cm的凸透镜前，B点正好位于2倍焦距处，杆AB与主光轴O夹角为60°，那么直杆通过透镜所成的像长度为多少厘米？

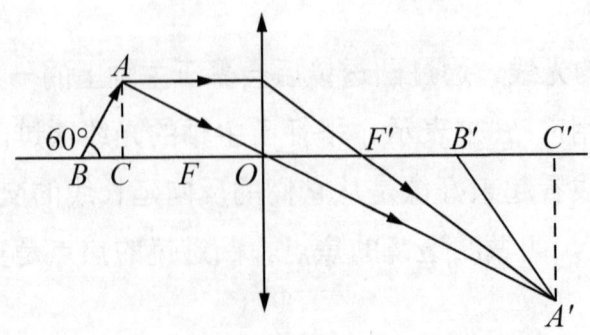

［解］该题应用透镜的成像公式求解。

由题意可知，$OC = 15$ cm。根据成像公式得：

$$\frac{1}{v} = \frac{1}{10} - \frac{1}{15} = \frac{1}{30}$$

$v = 30$ cm，即 $OC' = 30$ cm

由题意可知，$OB' = 20$ cm，则 $B'C' = 10$ cm

因为：$AC = AB60° = 5\sqrt{3}$ cm

又因为：$\dfrac{A'C'}{AC} = \dfrac{30}{15}$

所以 $A'C' = 10\sqrt{3}$ cm

故：$A'B' = A'C'^2 + B'C'^2 = 20$ cm

2.2 放大率

Magnification

透镜所成的像跟物体相比，可以是放大的或者是缩小的，也可以跟物体大小相等。为了说明像的放大情况，我们把像的长度跟物体的长度之比叫做放大率。又因为像距与物距之比等于像与物的长度之比，所以常以公式 $m = v/u$ 计算放大率。放大率为正值，像距 v 取绝对值。

○ 复习题

1. 一条单色光线从某介质射入空气时，若入射光线与界面的夹角为60°，折射光线与界面的夹角30°，则该介质的折射率为（　　　）

   A. $\sqrt{3}$　　　B. $\dfrac{\sqrt{3}}{2}$　　　C. $\dfrac{\sqrt{3}}{3}$　　　D. $\sqrt{2}$

2. 对于光由空气射入水中的情况，下面说法中正确的是（　　　）

   A. 光的传播方向一定改变

   B. 折射角的正弦值一定大于入射角的正弦值

   C. 光速一定变大

   D. 这束光一定不会发生全反射

3. 两种透明介质对真空的全反射临界角为C_1与C_2，且$C_1 > C_2$。由此可知，这两种介质中的光速v_1与v_2、折射率n_1与n_2大小的关系分别是（　　　）

   A. $n_1 > n_2$，$v_1 > v_2$　　　B. $n_1 > n_2$，$v_1 < v_2$

   C. $n_1 < n_2$，$v_1 < v_2$　　　D. $n_1 < n_2$，$v_1 > v_2$

4. 光在两种介质的界面处发生全反射，由此可以判定（　　　）

   A. 光由光密介质射向光疏是介质

   B. 光由光疏介质射向光密介质

   C. 入射角等于或大于临界角

   D. 入射角小于临界角

5. 在研究凸透镜成像规律的实验中，将蜡烛和透镜固定，蜡烛的位置在透镜的1倍焦距到2倍焦距之间，这时在光屏上所成的像是（　　　）

   A. 倒立放大的　　　B. 倒立缩小的

   C. 正立放大的　　　D. 正立缩小的

6. 在研究凸透镜成像规律的实验中，将蜡烛和透镜固定后，如果无论怎样移动光屏都不能在光屏上成像，这是因为（   ）

    A. 物距大于1倍焦距，小于2倍焦距   B. 物距小于1倍焦距

    C. 物距大于2倍焦距，小于4倍焦距   D. 物距大于4倍焦距

7. 光线以入射角$i = 45°$从空气进入玻璃，折射角$r = 30°$，求这种玻璃的折射率。

8. 光线从空气照到玻璃砖的表面上发生折射现象，测得入射角为60°时，折射角为30°，这块玻璃的折射率为多少？

光的本性
The Nature of Light

光学现象和人类的生产和生活息息相关，人类在对光学现象、规律研究的同时，也开始了对光本性的研究。光到底是什么？这个问题早就引起了人们的注意，不过在很长时期内还是对它的认识进展很慢。直到17世纪才形成两种学说：一是牛顿主张的<u>微粒说</u>(corpuscular theory)，认为<u>光是一群难以想象的细微而迅速运动的大小不同的粒子，在均匀的介质中以一定的速度传播</u> (Light is composed of a stream of corpuscles moving at a tremendous speed, and travels at a certain speed in a uniform medium)；另一种是波动说(wave theory)，是与牛顿同时代的荷兰科学家惠更斯提出的，认为<u>光是一种振动，以波的形式向四周围传播</u> (Light is an oscillation propagating in the form of wave)。

第一节　光的干涉和衍射
Interference and diffraction of light

1　光的干涉
Interference of light

干涉现象是波动特有的性质。如果光是一种波，那么就可以观察到干涉现象。1801年，英国物理学家托马斯·杨(Thomas Young, 1773~1829)在实验室中成功地观察到了光的干涉现象。

我们知道，两个大小、功率相等的直丝灯泡，放在距屏幕相同距离的位置上，屏幕上并不能得到明暗条纹相间的图像。（如图15-1）

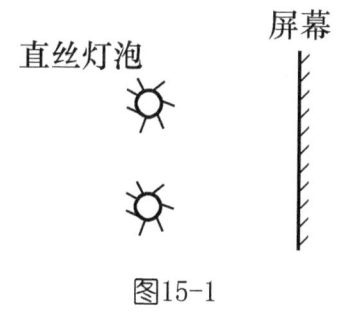

图15-1

现在，我们让一束平行的单色光(monochromatic light)通过单缝(single slit)，而后投射到有两条狭缝S_1、S_2的挡板上，狭缝相距0.1mm，两狭缝到屏幕的距离相等。光是一种波，平行的光波同时照到狭缝S_1、S_2上，它们就成了两个振动情况总相同的波源，如图15-2所示。它们发出的光在挡板后面的空间互相叠加，就发生了干涉现象：光在一些地方互相加强，另一些地方互相减弱，在屏幕上就可以观察到明暗相间的干涉条纹。(As the light from the two slits falls on a screen, a stable interference pattern is seen on it. The pattern appears as dark and bright fringes, corresponding to interference maxima and minima.)这就是著名的杨氏双缝干涉实验 (Young's double-slit experiment)。

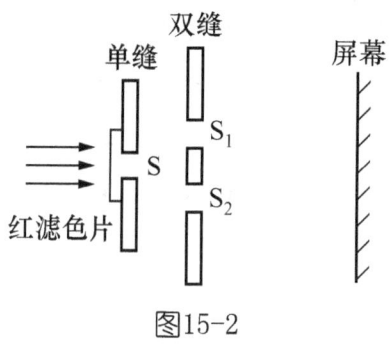

图15-2

如图15-3所示，现在我们在图上取一点P，P点到S_1和S_2的距离相同。S_1和S_2相当于两个振动情况总相同的波源，由S_1和S_2发出的两列波到达P点的路程又相同，所以这两列波的波峰（或波谷）将同时到达P点。这两列波总是波峰和波峰叠加，波谷和波谷叠加，P点的光波得到加强，这里就出现一个亮条纹。

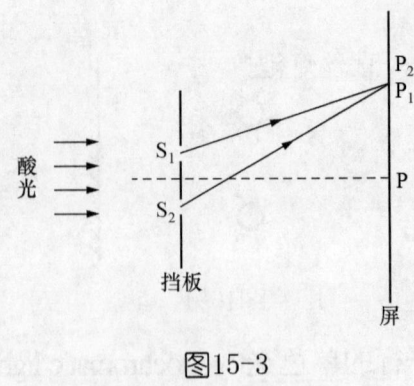

图15-3

在P点上方再取一点，例如P_1点。它距S_2比S_1远一些，两列波到达P_1点的路程不相同。两列波的波峰（或波谷）就不一定在同时到达P_1点。如果路程差正好是半个波长(half of a wavelength)，那么当一列波的波峰到达P_1点时，另一列波正好在这里出现波谷。这时两列波叠加的结果是相互削弱，于是在这里出现暗条纹。

对于更远一些的点，例如点P_2，来自两个狭缝的光波的路程差d更大。如果路程差正好等于波长λ，那么两列波的波峰（或波谷）将同时到达这点，光波得到加强，这里也出现亮条纹。

距离屏幕的中心越远，光波的路程差越大。每当路程差等于λ、2λ、3λ…（半波长的偶数倍，even multiple of half the wavelength）时，两列光波就得到加强(reinforce)，屏幕上出现亮条纹。每当路程差等于$1/2\lambda$、$3/2\lambda$、$5/2\lambda$……，即半波长的奇数倍(odd multiple of half the wavelength)时，两列光波就相互削弱，屏幕上出现暗条纹。

在双缝干涉实验中，狭缝S_1和S_2相当于两个振动情况总相同的波源，称为相干波源(coherent sources)。由相干波源发出的光互相叠加，才能产生干涉现象，在屏幕上出现亮暗相间的条纹。

各种光的不同颜色，实际上反映了它们不同的波长（或频率）。如果用白光作双缝干涉实验，由于白光内各种单色光的干涉条纹间距不同，在屏上会出现彩色条纹。

我们知道，波长等于波速和频率的乘积。这个关系对一切波都是适用的。不同的色光在真空中的传播速度相同，所以波长不同的色光，它们的频率也不同：波长越长，频率越小；波长越短，频率越大。各色光在真空中的波长和频率的范围见表15-1。

表15-1　各色光在真空中的波长和频率

光的颜色	波长 nm	频率 10^{14}Hz	光的颜色	波长 nm	频率 10^{14}Hz
红	770~620	3.9~4.8	绿	580~490	5.2~6.1
橙	620~600	4.8~5.0	蓝（靛）	490~450	6.1~6.7
黄	600~580	5.0~5.2	紫	450~400	6.7~7.5

2　光的衍射
Diffraction of light

在不透光的挡板上安装一个宽度可以调节的狭缝，缝后放一个光屏。用平行单色光照射光屏，我们看到，当缝比较宽时，光沿直线方向通过狭缝，在屏上产生一条与缝宽相当的亮线；但是当缝比较窄时，尽管亮线的亮度有所降低，但宽度反而增大了。这表明，光没有沿直线传播，它绕过了缝的边缘，传播到了相当宽的地方。这就是光的衍射现象。 (When light from a monochromatic source passes through a very narrow slit, it spreads out behind it to a broader place. The phenomenon is called diffraction of light.)

用点光源照射具有较大圆孔的挡板AB，在后面的屏上就得到一个圆形亮斑，它的直径可以按照光的直线传播规律作图得到。但是，如果圆孔缩小到一定程度，可以在屏上看到，光所到达的范围远远超过它沿直线传播所应照明的区域。这就是圆孔的衍射现象(diffraction from a circular aperture)。

通过实验研究我们知道：

（1）光的衍射现象进一步证明了光具有波动性。

（2）光的衍射现象是光偏离了直线传播方向绕到障碍物阴影区的现象，衍射光强按一定的规律分布，形成明暗相间的条纹，它的规律与缝宽、孔的大小及光的波长有关。

（3）对于光产生明显衍射的条件的认识，从上述的一系列衍射实验看出，虽然单缝、小孔和小圆屏的尺寸比光波大得多，仍能看到极好的衍射现象，只是缝或孔的尺寸越小，衍射现象越明显，即障碍物尺寸是波长的几百倍时，对光波来说，仍可认为是衍射条件中的"差不多"。

实验证明，对波长为λ的光波来说，障碍物或孔的尺寸的数量级在$10^3\lambda$以上时，衍射现象不明显，可按直线传播处理；在$10^2\lambda \sim 10\lambda$时，衍射现象显著，出现明暗相间的花样；在比波长$\lambda$还小时，衍射现象更为明显。

第二节 光的电磁说和电磁波谱

Electromagnetic theory of light and electromagnetic spectrum

光的干涉和衍射现象无可怀疑地表明了光是一种波。到19世纪中叶，光的波动说已经得到公认。但是光是什么性质的波?难道像水波一样？像声波一样？光波的本质是什么？这个问题一直没有得到解决。到了19世纪60年代，麦克斯韦预言了电磁波的存在，并且从理论上得出，电磁波在真空中传播的速度为3.11×10^8m/s，而当时实验测得的光速为3.15×10^8m/s，两个数值非常接近。麦克斯韦认为这不是一种巧合，它表明光与电磁现象之间有本质的联系。由此他提出光在本质上是一种电磁波。这就是光的电磁说。1886~1888年间，赫兹做了一系列的实验，证实了电磁波的存在，并且测出了实验中电磁波的频率和波长，从而计算出了电磁波的传播速度，发现电磁波的速度确实与光速相同。这就证明了光的电磁说的正确性。

无线电波(radio wave)、红外线(infrared ray)、可见光(visible light)、紫外线(ultraviolet ray)、伦琴射线(roentgen ray)和 γ 射线(γ-ray)等合起来，构成了范围非常广的电磁波谱，其中最长的波长是最短的波长的1021倍。从图15-4中我们可以看出，长波的红外线和微波已经重叠，短波的紫外线已经进入伦琴射线的区域。从无线电波到 γ 射线，都是本质上相同的电磁波，他们的行为都服从相同的规律。

不同的电磁波，产生的机理不同。无线电波是振荡电路中自由电子的周期性运动产生的(The radio wave is produced by free electrons that move periodically in an oscillating circuit)；红外线、可见光、紫外线是原子的外层电子受到激发后产生的(The infrared ray, visible light and ultraviolet ray are produced by the outer electrons of atoms after being stimulated)；伦琴射线是原子的内层电子受到激发后产生的(The roentgen ray is produced by the inner electrons of atoms after being stimulated)；γ射线是原子核受激发后产生的(The γ-ray is produced by the nucleus after being stimulated)。

不同的电磁波，由于它的频率或波长不同，因而表现出不同的特性。例如，波长较长的无线电波容易表现出干涉、衍射等现象，而紫外线、伦琴射线、γ射线等，波长越来越短的，要观察它们的干涉、衍射现象就越来越困难。

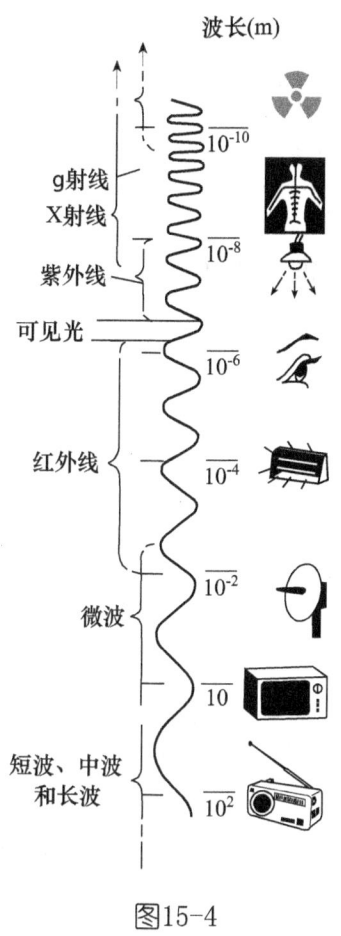

波长(m)

图15-4

第三节　光电效应和光子

Photoelectric effect and photon

1　光电效应

Photoelectric effect

把一块擦得很亮的锌板连接到验电器上，如图15-5，用弧光灯照射锌板，验电器的指针就张开了。这表示锌板带了电。进一步的检查发现锌板带了正电。这个实验说明，在弧光灯的照射下，锌板的一些自由电子从锌板打了出来，锌板少了电子，于是带正电。紫外线和一些可

207

见光照在金属物体表面会使物体发射电子的现象，叫做光电效应，发射出来的电子叫做光电子。(The ultraviolet light and some visible light shone on a metal surface can cause electrons to be emitted from the surface. This phenomenon is called the photoelectric effect. The electrons so produced are called photoelectrons.)

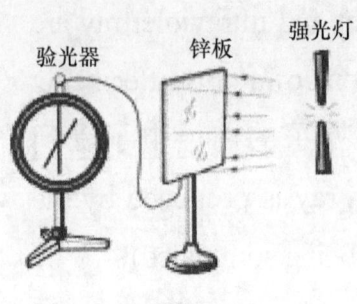

图15-5

进一步的研究发现，对各种金属都存在着极限频率和极限波长。如果入射光的频率比金属的极限频率低，那么无论光多么强，照射时间多么长，都不会发生光电效应；如果入射光的频率高于极限频率，即使光不强，当它射到金属表面时也能观察到光电子发射。(No electrons are emitted, whatever the intensity of the incident light beam is, unless the frequency exceeds a certain threshold value v_0, which is different for different metals. For frequencies greater than v_0, the number of electrons emitted per second is proportional to the intensity of the light beam.)这一现象用光的波动性无法解释。

还有一点与光的波动性相矛盾，这就是光电效应的瞬时性。按照波动理论，如果入射光比较弱，照射的时间要长一些，金属中的电子才能积累足够的能量，飞出金属表面。可是事实是，只要光的频率高于金属的极限频率，光的亮度无论多么弱，光电子的产生几乎都是瞬时的，不超过10^{-9}s。

表15-2 几种金属的极限频率v_0和极限波长λ_0

	铯	钾	锌	银	铂
$v_0/10^{14}$Hz	4.55	5.38	8.07	11.5	15.3
λ_0/nm	660	558	372	260	196

2 光子
Photon

1900年，德国物理学家普朗克(Max Karl Ernst Ludwig Planck, 1858~1947)在研究物体热辐射的规律时发现，只有认为电磁波的发射和吸收不是连续的，而是一份一份进行的，理论计算的结果才能跟实验事实相符。这样的一份能量叫做能量子。普朗克还认为，每一份能量等于hυ，其中是υ辐射电磁波的频率，h是一个常量，叫普朗克常量。实验测得，h=6.63×10^{34}J·s。

受到普朗克的启发，爱因斯坦(Albert Einstein, 1879~1955)于1905年提出，在空间中传播的光也不是连续的，而一份一份的，每一份叫做一个光量子，简称光子，光子的能量E跟光的频率υ成正比，$E = h\upsilon$。公式中的h就是上面讲的普朗克常量。这个学说后来被叫做光子说。光子说认为，每个光子的能量只决定于光子的频率，例如蓝光的频率比红光高，所以蓝光光子的能量比红光光子的能量大。同样颜色的光，强弱的不同则反映了单位时间内射到单位面积的光子数的多少。

光子说能很好地解释光电效应。

光子照到金属上时，它的能量可以被金属中的某个电子吸收。电子吸收光子后，能量增加。如果能量足够大，电子就能克服金属内正电荷对它的引力，离开金属表面，逃逸出来，成为光电子。不同金属内正电荷对电子的束缚程度不同，因而电子逃逸出来所做的功也不同。如果光子的能量E小于电子逃逸出来所需功的最小值W，那么无论光多么强，照射时间多么长，也就是说，这种能量比较小的光子的数目无论多么多，也不能使电子从金属中逃逸出来。这样就解释了为什么存在极限频率。

金属中的电子对光子的吸收是十分迅速的，这就解释了光电效应的瞬时性。

3 光电效应方程
Einstein's photoelectric equation

光电效应中，金属中的电子在飞出金属表面时要克服原子核对它的引力而做功。

对不同的电子，电子脱离这种金属所做的功不一样，使电子脱离某种金属所做功的最小值，叫做这种金属的逸出功。

The minimum amount of work or energy to take a free electron off the surface of a metal against the attractive forces of the positive ions is known as the work function W of the metal.

表15-3　几种金属的逸出功W

	铯	钙	镁	铂	钛	金
逸出功(eV)	1.9	2.7	3.7	3.9	4.1	4.8

如果入射光子的能量hυ大于逸出功，那么有些光电子在脱离金属表面后有剩余的能量，也就是说有些光电子具有一定的动能。因为不同的电子脱离某种金属所需的功不一样，所以它们吸收了光子的能量并从这种金属逸出之后剩余的动能也不一样。由于逸出功W是使电子脱离金属所要做功的最小值，所以如果用E_K表示动能最大的光电子所具有的动能,那么就具有下面的关系式，这个关系式通常叫做爱因斯坦光电效应方程。(The energy hυ of the photon is lost partly in doing work W, in tearing the electron loose, and the remainder of the energy appears as the E_k of the electron. We may therefore write E_K=hυ-W. This is known as Einstein's photoelectric equation.)

$$E_K = h\upsilon - W$$

复习题

1. 肥皂泡注在太阳光下显示彩色是由于光的（　　）

  A. 色散　　B. 干涉　　C. 衍射　　D. 全反射

2. 下面几种光学现象中，属于光的衍射现象的是（　　）

  A. 浮在水面上的薄油层在太阳光的照射下，呈现各种不同颜色

  B. 将两块平玻璃片紧紧捏在一起，会从玻璃片面上看到许多彩色花纹

  C. 通过并在一起的两根铅笔间的狭缝，去看远处与缝平行的线状白炽灯灯丝，会看到许多彩色花纹

  D. 太阳光通过玻璃三棱镜后形成彩色光带

3. 关于光的本性，以下说法中正确的是（　　）

  A. 光既具有波动性，又具有粒子性　　B. 光的波长越大，光子的能量越大

  C. 光的颜色与光的频率无关　　　　　D. 某些物体是不辐射红外线的

4. 关于光电效应，下列说法中正确的是（　　）

  A. 光电效应说明光具有粒子性

  B. 光电效应说明光不具有粒子性

  C. 当红光照射某种材料发生光电效应时，紫光一定能使这种材料发生光电效应

  D. 当紫光刚好使某种材料发生光电效应时，红光也能使这种材料发生光电效应

5. 在光电效应实验中，为了增大从锌板发射的光电子的最大初动能，可以采取的措施有（　　）

  A. 减小入射光的频率　　B. 增大入射光的频率

  C. 减小入射光的波长　　D. 增大入射光的波长

附　录

常用物理量及单位表
Table of Physical Quantities and Units

物理量 Physical quantity （通用符号） (symbol)	拼音 *Pìnyīn*	英文含义 English meaning	国际单位 International unit （通用符号） (symbol)	国际单位拼音 *Pinyin* of the international unit
波长 （λ）	bōcháng	wavelength	米 （m）	mǐ
波速 （v）	bōsù	wave speed	米/秒 （m/s）	mǐ měi miǎo
磁感应强度 （B）	cí gǎnyìng qiángdù	magnetic induction intensity	特斯拉(Tesla) （T）	tèsīlā
长度 （l）	chángdù	length	米 （m）	mǐ
冲量 （I）	chōngliàng	impulse	牛顿秒 （N·s）	niúdùn miǎo
磁通量 （Φ）	cítōngliàng	magnetic flux	韦伯(Weber) （Wb）	wéibó
电荷 （Q）	diànhè	charge	库伦(Coulomb) （C）	kùlún
电流 （I）	diànliú	current	安培(Ampere) （A）	ānpéi
电容 （C）	diànróng	capacitance	法拉(Farad) （F）	fǎlā
电势差 （电压） （U）	diànshìchā （diànyā）	electric potential difference (voltage)	伏特(Volt) （V）	fútè
电阻 （R）	diànzǔ	resistance	欧姆(Ohm) （Ω）	ōumǔ

物理量 Physical quantity （通用符号） (symbol)	拼音 *Pinyin*	英文含义 English meaning	国际单位 International unit （通用符号） (symbol)	国际单位拼音 *Pinyin* of the international unit
动量 kg·m/s （p）	dòngliàng	momentum	千克米／秒 （kg·m/s）	qiānkè mǐ měi miǎo
功 （W）	gōng	work	焦耳(Joule) （J）	jiāo'ěr
功率 （P）	gōnglǜ	power	瓦特(Watt) （w）	wǎtè
加速度 （a）	jiāsùdù	acceleration	米／秒² （m/s²）	mǐ měi miǎo fāng
角	jiǎo	angle	弧度 （rad）	rad
角动量 （L）	jiǎo dòngliàng	angular momentum	千克米²／秒 （kg·m²/s）	qiānkè mǐ fāng měi miǎo
角加速度 （a）	jiǎo jiāsùdù	angular acceleration	弧度/秒² （rad/s²）	rad měi miǎo fāng
角速度 （ω）	jiǎo sùdù	angular speed	弧度/秒 （rad/s）	rad měi miǎo
力 （F）	lì	force	牛顿(Newton) （N）	niúdùn
力矩 （M）	lìjǔ	torque	牛顿米 （N·m）	niúdùn mǐ
动摩擦因数 （μ）	dòng mócā yīnshù	coefficient of kinetic friction	—	—
能量 （E）	néngliàng	energy	焦耳(Joule) （J）	jiāo'ěr
频率 （f）	pínlǜ	frequency	赫兹(Hertz) （Hz）	hèzī
时间 （t）	shíjiān	time	秒 （s）	miǎo
速度 （v）	sùdù	velocity	米／秒 （m/s）	mǐ měi miǎo

续表

物理量 Physical quantity（通用符号）(symbol)	拼音 *Pinyin*	英文含义 English meaning	国际单位 International unit（通用符号）(symbol)	国际单位拼音 *Pinyin* of the international unit
弹性系数（k）	tánxìng xìshù	elasticity coefficient	牛顿/米（N/m）	niúdùn měi mǐ
体积（V）	tǐjī	volume	立方米（m^3）	lìfāngmǐ
温度（T）	wēndù	temperature	开尔文(Kelvin)（K）	kāi'ěrwén
压强（P）	yāqiáng	pressure	帕斯卡(Pascal)（Pa）	pàsīkǎ
折射率（n）	zhéshèlǜ	index of refraction	—	—
质量（m）	zhìliàng	mass	千克（kg）	qiānkè
周期（T）	zhōuqī	period	秒（s）	miǎo
转动惯量（J）	zhuàndòng guànliàng	moment of inertia	千克米^2（kg·m^2）	qiānkè mǐ fāng